重い障がい児に導かれて

——重症児の母、北浦雅子の足跡

著　福田雅文
編集　全国重症心身障害児（者）を守る会

中央法規

【表紙によせて】『私が守る』

表紙ならびに挿し絵は、壁画作家・今川咲恵（いまがわ・さきえ）さん。壁画のほか絵本や似顔絵など“Let's make a flower open up in everyone's heart!!”（「みなさんの心にパッとお花が咲きますように」）という想いを込めて、幅広く活動されています。

今川さんには、筆者が勤務するみさかえの園総合発達医療福祉センターむつみの家の壁画を手がけていただいたご縁で、今回表紙を依頼しました。その直後にご自身の妊娠がわかり、次のようなメッセージをいただきました。

「このお話は父が母が子どもを守る話であり、同時に子どもが両親を守る話でもあるんだなぁと思いました。表紙の絵のタイトルは『私が守る』。親が子を守る、子が親を守る、両方の意味を込め、悲しくて絶望的で、そして力強い作品になったと思います。私も強い母になりたいと想いを込めて描きました。」

本書では、「白痴」「精神薄弱」「らい病」など当時使用され、かつ現代的には不適切と思われる表現について、時代性をふまえてそのまま掲載いたしました。

本書の印税は、全国重症心身障害児（者）を守る会の活動に使われます。

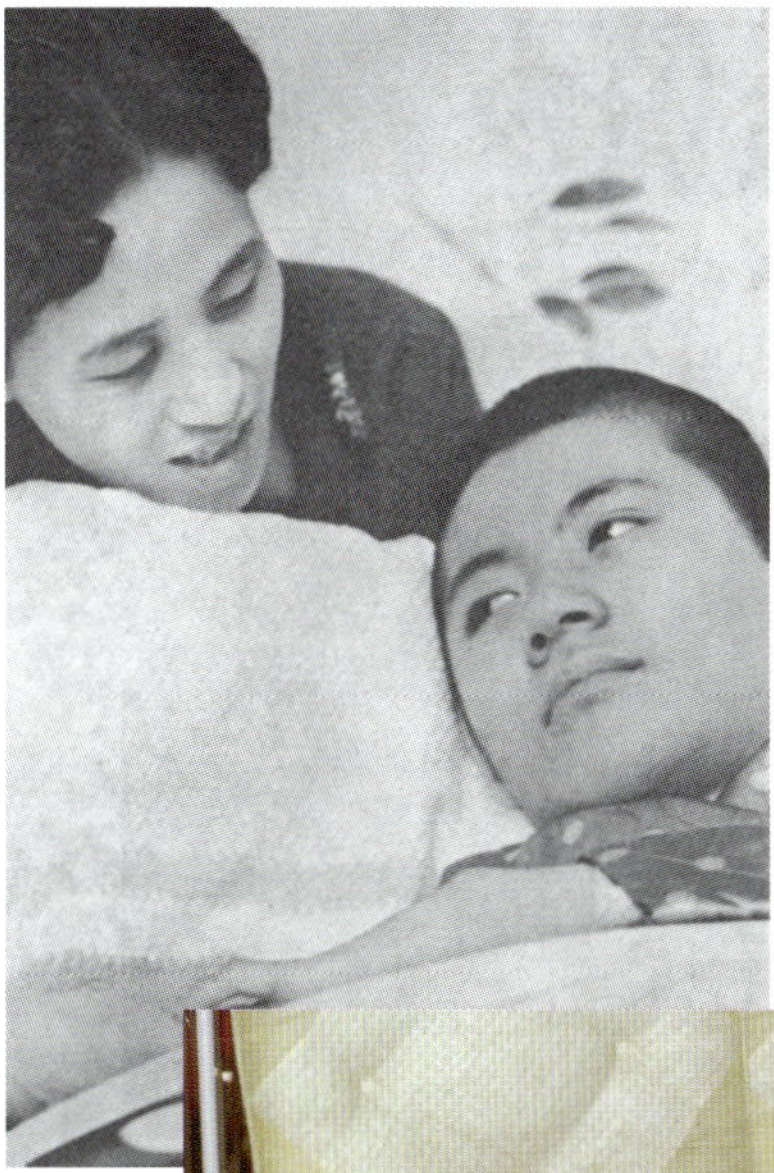

ヒサ坊19歳の頃

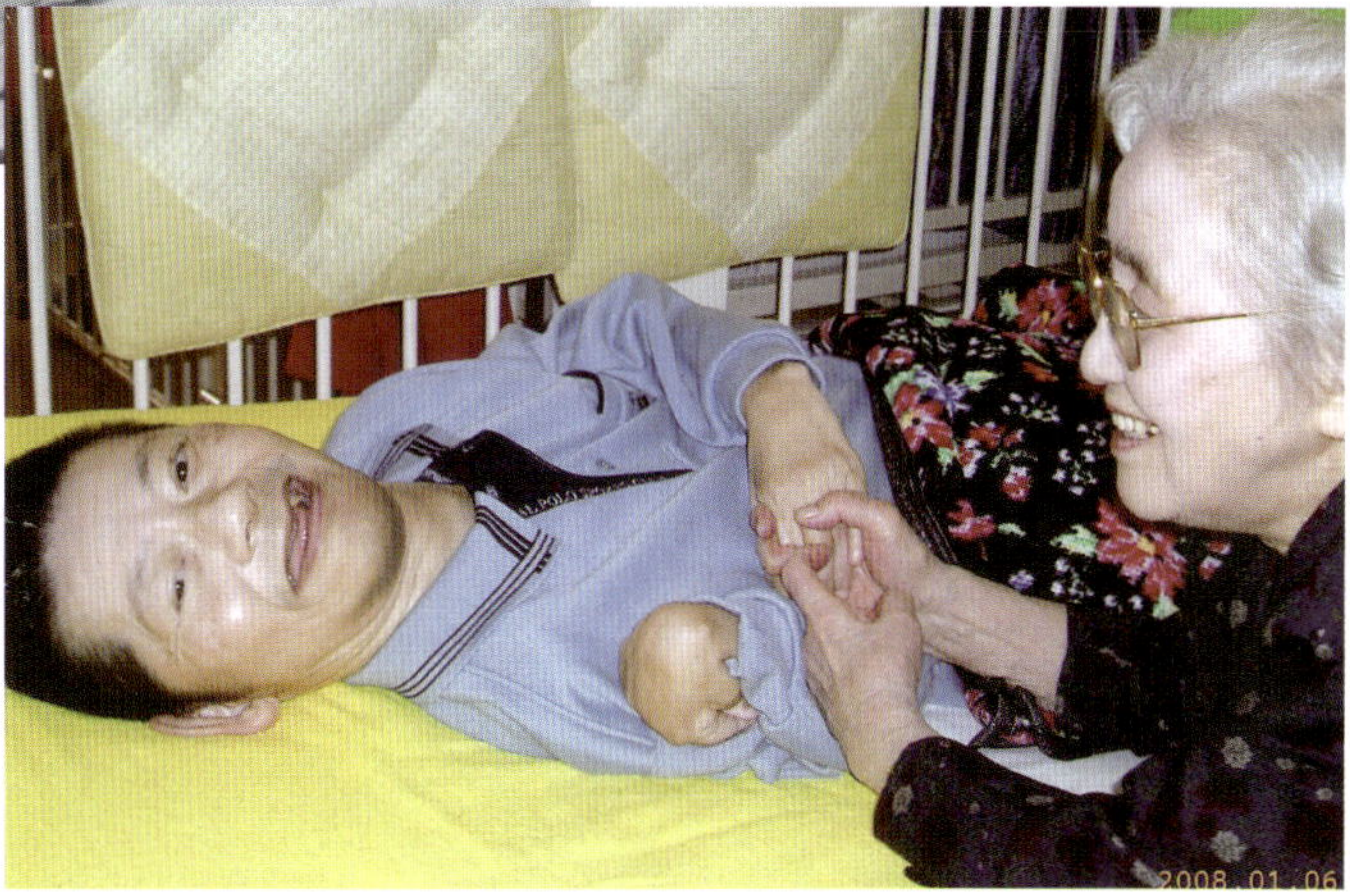

母の手を握りこの笑顔

お気に入りのぬいぐるみと内緒話

初めての作品「生きる」

作品に取り組むヒサ坊

北浦尚 作品
「三日月にのって」

北浦尚 作品
「二人仲良く」

守る会創立50周年で両陛下をお迎えする北浦雅子

目次

第二部　この子たちは生きている

第四部　なぜ、日本で重症児が守られるようになったのか――133

おわりに

【参考資料】

はじめに

周産期医療《しゅうさんきいりょう》のなかで母と子の関係をみていると、子どもが未熟児で産まれたり、いろいろな病気をもって産まれたとき、母親は子どもを元気に産めなかったことに対して強い罪悪感を覚え悲嘆に暮れる。しかし、どんなに苦しくとも「子どもを元気にしよう」「命を守ろう」と、どのような苦労も乗り越えていく母親の子どもへの愛情の深さに、いつも驚かされてきた。

二〇〇〇（平成一二）年、大学での周産期医療から重症心身障害児者施設みさかえの園総合発達医療福祉センターむつみの家に勤務が移り、重い障がいのある子どもやその家族と接する機会が増えて、どのような気持ちで生活されているかなどを知ることができるようになった。ご家族やお子さんが歩んでこられた人生とふれあってみると、想像もつかない大切な人生と出会うことができた。

そのなかで重い障がいのある子どもたちの保護者がつくる「全国重症心身障害児（者）を守る会」（以下、「守る会」と略す）のことを知り、会長を務める北浦雅子さんの書かれた文章（『この子たちは生きている』一九八三年、全国重症心身障害児（者）を守る会編集、ぶどう社）が目に入った。そこでは、医師から「お子さんに重い障がいが残ります」という告知を受けた母親が、悲しみや苦しみをどのように乗り越えて生き抜いてきたかが綴《つづ》られていた。

北浦さんは、いくら願っても祈ってもよくならないわが子を育てながら、多くのことを学ばれていったようだ。「重い障がいのある子どもの表情から『生きるとは何か』『人生の幸せとは何か』と問いかけられ、その無言の姿からさまざまなことを教え導かれてきました」と語っておられた。

北浦さんの人生を動かす運命的な出会いが、何度も訪れた。日本で初めての医療を必要とする重い障がいのある子どもたちのための施設「島田療育園」の開設に向けて奮闘する小児科医・小林提樹《こばやしていじゅ》先生との出会いは、重症児運動を始める大きなきっかけとなった。小林先生の周りには同じ苦しみに悩む仲間たちがいて、一緒に語りあっているうちに、子どものために社会を変えようと母親たちは活動を始めていった。

重い障がいのある子どもたちを守る保護者の会の会長として、国に一歩も譲らずに渡りあってきた母親とはどんな人だろうと想像していたが、お会いしたときの印象は、ただ一筋にわが子のことを思う年齢を感じさせない母親だった。

北浦さんとお話するうちに、ただひたすらに子どもの幸せを求める母親の姿を文章に残したいと思った。そこで、北浦さんや守る会の事務局に連絡して筆者の気持ちを伝えたところ、快く了解していただいた。はじめは、北浦さんにインタビューをしながら、これまで歩まれた道についてお聴きするつもりだったが、九〇歳を超える年齢の方に長時間のインタビューは困難と考えた。参考資料としていただいたなかに北浦雅子さんご自身が四〇歳代の頃に書かれた『悲しみと愛と救いと』（一九六六年、佼成出版社、既に絶版）という書籍があり、すぐに読んでみた。そこには、重い障がいのある子どもの母親の気持ちが正直に書かれていた。必死で看病し、子どものためによかれと思うことは何でも実行する。しかし、子どもの病気はよくならず、涙の日々を送りながら救いを求め、祈り続ける母親の姿があった。本書では、その一文一文を母親の気持ちに寄り添うように綴り直し、北浦さんの気持ちを忠実に伝えることに努めた。子どもを思うひたむきな母の愛とそこから湧き出るエネルギーは、私たちに大切なメッセージを伝えてくれているように思った。

北浦さんのこれまでの人生を振り返ってみると、重い障がいのあるわが子を、少しでも健康に、少しでも楽しく、少しでも幸せにとひたすら願い続けて、気がつくと九〇歳を超えていたように思える。

北浦さんが歩んで来られた長い道のりを詩にしてみた。

重い障がい児に導かれて

昭和二一年九月、尚を授かり、ヒサ坊と呼んでいた
翌年四月八日朝、突然ヒサ坊の悲鳴が鳴り響いた
雅子の人生は大きく変わり始めた

ヒサ坊の痙攣は止まらなかった
不吉な予感に押し潰されそうな日々が続いた
そして不治の病と告げられた
絶望と悲しみのなか、真っ暗な闇の生活が始まった

毎日毎日泣き続けた
いくら泣いても、涙は枯れなかった
笑うことも忘れてしまった

生きるとは何か
人生の幸せとは何か
絶望と悲しみのなかで何度も死が頭をよぎっていった

いくら泣いてもヒサ坊の病気はよくならなかった
泣いているだけではヒサ坊の幸せは決してやってこなかった
自分自身が可哀想で泣いているのではないかと考え始めた
固い心の扉は、絶体絶命のなかから少しずつ開いていった

ついに心は一八〇度、いや三六〇度転換した
物事を客観的に見、おのれを捨てて事にあたるほか道はない
このときの心の転換が大きな力となり、社会へと踏み出した

ヒサ坊の笑顔はまるで天使のようであった
その笑顔は唯一の喜びであり、慰めであった

同じように悩み苦しむ仲間に出会い
お互いに涙を流しあった

親の思いは同じであった
助けあい励ましあい、活動が始まった

心ある人たちが支援の手を差し伸べてくれた
活動は善意と慈愛とともに社会運動へと広がった

政治家が共感し泣いてくれた
政治家が自分の言葉で語り始めた
政治が動き始めた

大きな厚い壁は少しずつ崩れていった
親の熱い熱い思いは社会を動かした
親のひたむきな活動と感謝の気持ちが共感を呼んだ

平成二六年、守る会五〇周年記念式典に天皇皇后両陛下がご臨席された
来賓に凛として向き合う九〇歳を超えた雅子の姿があった

昔と変わらぬヒサ坊の母、そのままであった
わが子を思い慕う母親の姿にただただ感動した
重い障がいのある子どもが人生の道しるべであった

福田雅文

第一部

悲しみと愛と救いと

福岡の街

雅子は、一九四一（昭和一六）年に結婚した。同時に、夫の貞夫《さだお》は九州大学に赴任が決まり、福岡の街での新婚生活が始まった。生まれて二一年間東京を離れて暮らしたことがなく、生活についてはまったく無知な箱入り娘として育った雅子にとって、知り合いもいない福岡での暮らしは不安であった。一九四三（昭和一八）年には太平洋戦争が激しさを増し、統制が強まって食料も衣類もすべて手に入れることが難しい時代となった。そうしたなかでも、雅子は、持ち前の明るさと人懐っこさで徐々に福岡での生活に慣れ、知人もできて楽しい日々を送るようになった。

同年、夫は九州大学の教授となり、一〇月には待望の長男、隆《たかし》を授かった。初めての子育てだったが、すぐに慣れて親子三人の楽しい暮らしが過ぎていった。だが、時の経過とともに日本の戦況は悪くなり、福岡の街もアメリカ軍の爆撃が日ごとに激しくなって、そこかしこと焼け野原になっていった。一九四五（昭和二〇）年六月には、北浦家も爆撃を受けて家財道具はすべて灰になり、雅子は隆をつれて軽井沢へと疎開することになった。幸いにして数か月で終戦を迎え、その年の内に福岡に帰ることができた。

二人目のヒサ坊が生まれたのは一九四六（昭和二一）年九月二四日、よく晴れたすがすがしい秋の日の朝であった。安産で生まれたヒサ坊は、目がパッチリとした色白でとてもかわいい子だった。生後七か月の頃には、雅子の膝の上で両足をピョンピョンさせて暴れたり、掛け布団をあげたりさげたりしてイナイイナイ、バーなどするとキャッキャキャッと大声で笑うなど、家族は充実した日々を送っていた。

発病

それは、雅子にとって忘れられない一日となった。一九四七（昭和二二）年四月八日、午前一〇時頃、雅子が庭で洗濯物を干していると、突然、座敷からヒサ坊の悲鳴がした。なにか動物が絞め殺されるときのような絶叫だった。すぐに座敷に上がって

ヒサ坊を抱きあげると、両眼はすっかりつりあがって白眼となり、顔面の右半分と小さい右手が小動物の断末魔《だんまつま》のように不気味に痙攣《けいれん》していた。

あまりに激しいヒサ坊の様子——。不吉な予感におののいた。「ヒサ坊、ヒサ坊!!」雅子は、ひとりおろおろとわが子の名を呼び続けた。ただならぬ気配に、隆も大声で泣き始めていた。とにかく何とかしないといけない。近所のお医者様と大学にいる夫に連絡をとった。

ヒサ坊は、一〇日前に種痘《しゅとう》のワクチンをしていた。種痘ワクチンは福岡市による強制的なものなので、家族とともに接種を受けていた。近所の赤ちゃんが種痘接種後に本当の天然痘のような発疹《ほっしん》と高熱が出たとかで大騒ぎをしていたので、ヒサ坊については特に注意をしていたが、それまでは熱もなく機嫌もよかったので、大丈夫ではないかと思っていたところであった。それが突然、激しい発作を起こしてしまったのである。お医者様に往診していただいたところ、「疫痢《えきり》かもしれない。もし痙攣が夕方まで続くようなら、生命《いのち》の保証はできない」との説明を受けた。このときから、北浦夫婦の懸命な看病が始まった。頭を冷やすための氷も簡単には手に入らない時代であった。

——四〇度前後の高熱が続いた。死の前兆を思わせるような痙攣もとまらなかった。夫はさすがに泣かなかったが、雅子は顔中をくしゃくしゃにしながらの看病であった。「神さま、どうぞヒサ坊を助けてください。お願いします、神さま……」と必死に祈り続けた。思えば、このとき流した雅子の涙は、その後十数年間に渡って流し続けられることになったのである。

午後三時頃、ようやくヒサ坊の痙攣はとまった。熱も少し下がり、これでなんとか助かるのではとほっとした。あんなに元気だったヒサ坊は、短い時間ですっかり憔悴《しょうすい》してしまい、ただぼんやりと弱い視線を空間に向けているばかりであった。しかし、翌日は快方に向かい、いつもの笑顔を見せてくれた。夫とともにほっとしたのもつかの間、その翌日には再び激しい痙攣を起こし、病名もはっきりしないまま、九州大学病院に入院することとなった。その結果、「種痘後脳炎《しゅとうごのうえん》」と診断された。

入院

この病気は日本では非常に珍しく、九州大学病院が始まって以来最初の患者であった。医師たちにも治療の経験はなく、治療法も確立されていなかった。そのため、「治癒は非常に難しい」と聞かされ、夫婦はあらためて愕然《がくぜん》とさせられた。ただ、効果は明らかではないが、治療法として脊髄液《せきずいえき》のなかにビタミンB・Cを注射する方法があると伝えられた。素人目にはよくわからず、なんとも心細い治療であったが、すがるような気持ちで覚悟を決めるしかなかった。

だが、この治療法は親として正視に耐えがたい残酷なものだった。生後七か月にしかならないヒサ坊の身体をエビのように曲げて、その背骨に注射をしなければならない。脊髄注射の注射針は、普通の注射針よりはるかに太いものであった。その注射のたびに、雅子はヒサ坊の身体を押さえつけなければならない。ヒサ坊が苦しがって暴れまわる。弱くて小さいヒサ坊の全身の力が、押さえている雅子の両腕に伝わってくる。さぞ苦痛だろうと思うと、押さえている雅子の顔には脂汗がにじみ、涙が頬を流れ始めた。代われるものならヒサ坊に代わってこの私が……と、注射のたびに思うのであった。

太陽の光が病気によくないということで、病室の窓は戦時中の暗幕を引いて暗くしてあった。雅子の泊り込みの看病が始まった。暗い部屋——。雅子は沈みがちとなり、「ヒサ坊はこのまま死んでしまうのかもしれない、いや、きっと前のように元気になってくれる……」そんな、不安と希望の入りまじった気持ちのなかで看病を続けた。しかし、苦しみのなかでも雅子には、「なにがどうあっても、とにかくこの子を治してみせる。私の力できっと治してみせる。理屈ではなく、ヒサ坊は母親の愛情で治るんだ」という強い信念があった。

入院後、一週間が経ち、ヒサ坊は奇跡とも思われる回復を示した。痙攣はとまり、お乳を飲み、笑顔も見せてくれるようになった。医師たちもその回復に非常に驚いていた。「この子はやはり治るんだ」と自信を強めた雅子は、「あと何日したら退院できるだろうか」などと指折り数えていた。

ところが、再び痙攣が起こり、意識を失い食欲もなくなってしまった。こうなると医師たちもなすすべがなく、一日一日と変化する病状を観察するほか方法がなくなってしまった。それでも、雅子はヒサ坊が死ぬとは思っていなかったし、この病気が後遺症としてこの子の一生に影響するなどとは夢にも思わなかった。ただただ、この子にこんな苦しい思いをさせたことに、「申し訳ない、早く治してあげたい」と、そのことばかり考えながら看病にあたっていた。

長い間お乳を飲んでくれないので、乳房が張って苦しくむなしく、お乳を搾《しぼ》っては捨てていた。うす暗い病室のなかで、自分の胸からゆたかに湧き出てくる白いものを、涙をこらえて雅子は見つめていた。

幸い、東京から夫の母が来てくれたことで、三歳の長男・隆をまかせヒサ坊の看病に専念することができた。夫は頻繁《ひんぱん》に病室を訪れ、ともすれば感情的になったり、「治したい、治したい」と昂《たか》ぶる雅子をやさしく見守ってくれた。大学の講義や研究に疲れながらの看病。病室で明日の講義の準備をすることもあった。夫は「敷布のしわで痛くないだろうか。顔の向きは変えたほうがいいのでは」「目の動きに力が出てきたようだ」などと、雅子の気づかないところまで見てくれていた。

入院後四〇日を過ぎたある日のこと。いつものようにそのかわいらしい顔をじっと観察している雅子を見て、ヒサ坊がニコッと笑ってくれた。

「ヒサ坊が笑ったわー！」

誰もいない病室で、雅子は思わず叫んだ。四〇日間失われていた美しい笑顔が戻ってきてくれたのだ。

「笑った笑った、ヒサ坊が笑ったー‼」

雅子は、天にも昇る気持ちになった。「ヒサ坊！」と呼びかけながら手を握りしめると、明らかに反応を示して、またニッコリと笑う。夢ではなかった。雅子は、喜びすぎてヒサ坊を刺激してはいけないと気を引き締めた。再三の病状の変化が雅子を慎重にさせていた。夕刻を迎え、夫が来たとき、ヒサ坊は眠っていた。

「きょう、ヒサ坊が笑ったんですよ。うそじゃありません」

「そう、笑ったの」

喜怒哀楽をあまり顔に出さない夫だが、さすがにそのときは口もとをほころばせて、いつまでもじっとヒサ坊の寝顔に見入っていた。その日からヒサ坊の容態は快方に向かった。乳房をふくむこともなかったのに、ふくませると力強く吸ってくれた。

「あなたー！」

「おお、吸ってるじゃないか」

雅子は、ヒサ坊と夫の顔をこもごもと見ながら、泣けて泣けてしかたなかった。

退院——束の間の喜び

一〇〇日目には、入院以前の元気を取り戻したヒサ坊を抱いての退院となった。「まさに奇跡でした」、医師たちはそういって祝福してくれた。雅子は、久しぶりのわが家の春のおとずれを喜び、「わが子の健康は、親として、母として、これに勝るものはない」と実感した。

しかし、喜びは長く続かなかった。雅子にとっては食べてしまいたいほどかわいい、つぶらなよく澄んだヒサ坊の目が、右だけ異様な動きをするのに気づいた。よく観察していると、目の異様な動きと同時に、右手を突っ張るような仕草をするのだった。あの恐ろしい痙攣の前ぶれではないかと思った。すぐに病院に行ってヒサ坊の様子を訴えると、「お母さんが神経衰弱になっていらっしゃるから、そんなふうに見えるんです」と取りあってもらえなかった。そう言われてみると……、雅子も半信半疑になった。一〇〇日間の心労で私の神経がおかしくなっていて、見えないものまで見えているのだろうか……。

だが、事実は事実である。目と手の異様な動きは、容赦なく明らかになってきた。それでも、生命の力は必死で育とう育とうとしている。首のすわりも徐々にしっかりとしてきて、椅子に腰かけられるようになった。退院後半年ほど過ぎた頃には、「ウマウマ、ネンネ、イタイイタイ」と、たどたどしいけれど言葉も出てきた。「やっぱり、この子は大丈夫なのだ」、病気に何度もあざむかれたが、夫とともに喜びあう雅子であった。しかし、それは再びあざむかれたとわかったときの悲しみを、幾倍にもするための束《つか》の間《ま》の喜びにすぎなかった。わずか三日間だけの幼いカタコトが、ヒサ坊に与えられた人生におけるすべての言葉であった。その後は、「アーチャン」と言いながらヒサ坊に話しかけられる夢を何年か見続け、そのときは決まって嬉しさに飛び起き、そのたびにどうすることもできない悲しみに泣く雅子であった。

再入院――つらすぎる宣告

――恐れていた痙攣が再び起こり、発作の原因を調べるために入院となった。たった三日間の入院生活であったが、雅子は「入院させなければよかった」とあとで後悔した。ヒサ坊に大変な苦痛を与えたからである。

脊髄液を取り出して空気を入れ、脳のレントゲンを撮《と》る検査。大人でもつらい検査で、ヒサ坊の顔色は土気色《つちけいろ》となり、嘔吐《おうと》をするなど、それはそれは苦しそうであった。そんな苦痛を味わわせた挙句わかったことは、「現代の医学ではどうすることもできない病気だ」という死の宣告にも等しい事実だけであった。脳に循環している脊髄液が首のあたりで交差していて、そこの左側が閉鎖しているため、脳に圧力がかかって発育がとまるとともに右半身がマヒしているとのこと……。

残された方法として、三か月ほどレントゲン照射を続けたら効果があるかもしれないが、それも保障はできかねるとのことであった。雅子は、「少しでも望みのあることならしなければ」と、早々に病院通いを始めた。夫の母はすでに帰京していたので、隆をお隣りの奥様にお願いし、ヒサ坊をおぶって通院した。長いときは半日以上もかかる。隣のご迷惑になるべくならないようにと、見栄も外聞もなく背中にしっかりとヒサ坊をくくりつけ、つんのめるほどせかせかと帰宅することが何度もあった。

家に戻ると、隆が窓の手すりにすがって、首を長くして待っている。母親の顔を見るなり「お母ちゃま――」と言って飛び出してくる。いまにもあふれる涙をこらえている様子がいじらしい。雅子もまた、歯をくいしばってこみあげてくるものをこらえていた。隆もまだ甘えていたい年頃だが、ヒサ坊の病気が重いことを子どもなりにわかっていたのか、不平は言わなかった。

そんな毎日――。雅子は、夜になるとぐったりと疲れて、何をする元気もなかった。夜遅く帰ってくる夫に何もしてあげられず、ただただ心から「すみません……」と詫びるだけだった。夫は、「いいんだ起きなくても。あまり無理をしないようにしてくれ。あなたまで病気になられては大変だ」と言ってくれた。仕事で疲れて憩《いこ》いの場所へ帰ってくる夫に、十分なことをしてあげられない……、妻として悲しいことであった。なにひとつ不平を言わない夫に、つくづくありがたいと心のなかで感謝した。そのときは気づかなかったが、そうした夫婦の間の出来事（深い心の交流）があったのも、ヒサ坊が与えてくれた幸せのひとつだと思うのであった。

不治の病

三か月のレントゲン照射が終わった後に聞いた医師からの言葉は、鋭利《えいり》な刃物のように雅子の胸に突き刺さった。

「現時点の医学として、できるだけのことはいたしました。あとはもう、お母さんが坊やにしてあげたいと思うことをなんでもしてあげることです。それ以上の方法はありません」

「……」

病院からの帰り道をとぼとぼと歩いていた。頭のなかにぽっかりと空洞ができてしまったようであった。ただ機械的に足を動かしているだけで、なにも考えていない。もうなにを考える力もなくなっていた。でも、たしかになにかを考えていた。しかし、考えているといえるようなまとまった思いではなく、思念《しねん》の断片が走馬灯《そうまとう》のように脳裏をかすめ去るだけの、支離滅裂《しりめつれつ》なありさまであった。

医師からの最後の宣告は、それほどの衝撃だった。――ヒサ坊の病気はもう治らない。生きている間は、このままものも言えず、立つことも座ることもできない。こんなにかわいいヒサ坊に、なぜ神さまは残酷な運命を強いるのか。あまりに酷《むご》すぎる。――雅子は、知らず知らずのうちに鹿児島本線の線路のほうへと歩いていた。ヒサ坊の病気が不治のものだと知らされたとき、それがあらかじめ決まっていたことかのように、死ぬ決心をしていたのだった。

「ヒサ坊はこの先、生きている限り苦しまなければならない。それをいやおうなく見ていなければならない家族。私と一緒にヒサ坊がたったいま死んでしまえば、そのような苦しみは味わわなくてすむ」

線路のキラキラした光が、雅子の目の前に近づいていた。ボーッと汽笛の音がした。その音に呼び覚まされるように、雅子はあらためて長男のことを思い出した。私がいなくなったら隆はどうなるのだろうか……。たったいま、私がこうしてさまよっている間にも、きっと、帰りの遅い私をお腹を空かせて待っているに違いない。雅子は、はっとして気がついた。母としての義務を果たさなければならない子は、ヒサ坊だけではない。隆というもう一人の子どもがいる。隆のよき母でなければならない。そしてまた、夫のよき妻でもあらねばならない。

――死を思いとどまった。気持ちはたしかに動転していたが、まだどこかに死を思いとどまらせる理性が生きていた。あとで思うと、ぞっとすることであった。あのとき自殺していたら、ただそれだけのことで終わってしまっていただろう。やはり生きていてよかったと思う。いい悪いより、「人間は生き果たすために生まれてきている。そうした天の摂理にも反することだ」と思った。

ようやく家へたどりついた。精も根もつきはて、全身が宙に浮いているような気持ちだった。雅子は、夫にその気持ちを打ち明けたが、涙があふれて声がよく出なかった。自殺を思いとどまったからといって、何もかも割り切って明るく生活できたわけではなかった。

毎日のように泣いて暮らしていた。それこそいっときも心から楽しいなどという時間はなかった。いつもヒサ坊のことが頭のなかにこびりついていた。同年齢の子どもたちが元気よく飛び回っている姿など、見るにたえない雅子であった。お世辞にも「お元気ですね」とは言えなかった。言いたくても、涙が先にたって言えなかった。家のなかに逃げて帰ることもあった。

発作、痙攣

雅子は笑いを忘れてしまっていた。泣くこととため息をつくことだけの女になってしまった。しかし、ヒサ坊は笑顔を忘れていなかった。退院後に戻ってきたときの笑いは、いまなお続いていた。ヒサ坊の天使のような笑顔は、雅子にとってその後長い間の唯一の慰《なぐさ》めであり、励ましであった。

ヒサ坊が発作を起こす原因はいろいろあった。なかでも、大きな音や強い光が一番いけないようだった。そのため、「静かに静かに」というのが、北浦家の口ぐせになってしまった。「静かに」といっても、隆はまだ元気に走り回りたいさかりの子ども。口うるさく注意することは教育上からもいいことではないとわかっていたが、ヒサ坊が発作を起こすことには代えられなかった。隆もずいぶんさみしい思いをしたはずだが、雅子のいうことをよく聞いてくれる子だった。

たとえば、ドアがバタンと閉まる音などは一番いけなかった。開けっ放しのドアが風かなにかでバタンと閉まる音は、病人でなくてもびっくりさせられる。習慣とは恐ろしいもので、雅子は、よそさまの家でも、ドアが開けっ放してあるのを見つけると、何をおいてもそれをそっと閉めたりするようになっていた。もちろん、そこにヒサ坊が寝ているわけではなかった。それに気づいて雅子は何度も苦笑いした。

福岡は都会なので、ジェット機も飛ぶし、オートバイが爆弾のような排気音をたてることもあった。そういう音が聞こえるたびに、ヒヤッとさせられるのはまず家族だった。だから、一家の生活は何もかもヒサ坊中心になっていった。「寒い」といっても彼、「暑い」といっても彼。申すまでもなく一家の中心は夫のはず。異常なこととわかってはいても、病気のヒサ坊のためにそうせざるを得なかった。そして、夫も長男もそれを当然のこととしてとらえ、自分のわがままを押さえて協力しあっていた。

それでも、ヒサ坊の病状や好み、良いこと、悪いことなどがわかってくるにつれて、北浦家の生活様式も変化してきた。「悲しい、哀れだ、かわいそうだ」と泣き暮らしながらも、一年、一年半という時の流れのなかで、雅子は不治の病人を抱えての生活に順応していった。隣家の方々にもとても親切にしてもらった。「遠くの親戚より近くの他人」と言われるように、そうした方々の善意が雅子の心の大きな支えになったことは事実であった。

その頃のヒサ坊の様子は、左手足はよく動かすが右手はかたく握ったままで、右足の反応もにぶいようであった。痙攣は、悪化こそすれ、よくなる兆候を見せることはなくなっていた。

ある晩、ヒサ坊が一晩中、涙を流して泣いていることがあった。そばにいる雅子は、自分のことよりも辛かった。どこが痛いのだろう、もしかしたら針でも刺さっているのではないだろうか……。ものが言えないヒサ坊のことは、その表情を見ていろいろ考えるしかなかった。そのため、原因がわからずに苦心した。どうしても泣きやまないときなど、雅子のほうが悲しくなって、親子ともども涙にくれることしかできなかった。

そばでうっかりくしゃみをしても、発作を起こさせてしまう。目をつりあげて痙攣を起こす苦しそうなありさまは、何度見ても正視するに堪えられないものであった。発作はたいてい三〇秒ほどでおさまるが、「ああ、今度は本当にだめになるかもしれない、この次は……」などと考えてしまい、いつも気もそぞろであった。

ヒサ坊の病が不治の病気だという事実はどうすることもできないが、どんな些細《ささい》なことでもヒサ坊が少しでも楽になるようにと、雅子はあらゆる努力をした。医学的にはナンセンスかもしれないが、母親として最善を尽くすよりほかに、これほど大きな犠牲を背負わせてしまったヒサ坊に対し、どうすることもできない雅子であった。

ヒサ坊はわが家の宝である。いつも希望を失うことなく、彼に良いことならできる限りのことをするつもりでいた。あるとき、近くの知人から非常に上手な指圧師がいて、小児マヒの子どもが治ったこともあると知らされた。早速、ヒサ坊を乳母車に乗せて、その指圧師を訪れた。その方は、六〇歳ぐらいのとてもやさしい人だった。

「だいじょうぶ、見込みはございますよ。カイロプラクティックで治してみせます」

と、ヒサ坊の身体《からだ》を見てそう言われた。

カイロプラクティック

「カイロプラクティック」とは、背骨のくるいを正常に治す治療法とのこと。雅子は、ここでまた新しい希望を見出した。「溺《おぼ》れる者は藁《わら》をもつかむ」と言うが、そんなたとえよりもはるかに真剣で懸命であった。一か月、二か月、三か月と、毎日そこに通った。天気がいい日は乳母車を押し、雨の日には背負って通った。半年ほど通った頃には、気のせいばかりでなく、なんとなくヒサ坊の身体つきがしっかりしてきた。ある夕食どきのこと。ヒサ坊を寝かせておいて、食事をすませ後片づけをして戻ってみると、あお向けに寝かせていたはずの姿勢が、うつぶせに変わっていた。

「あなたがうつぶせにしたのですか?」

声をうわずらせながら夫に聞いてみると、

「いや知らないよ。どうしたっていうんだね?」

雅子が意気込んでいるので、夫も驚いている様子である。

「たしかにさっきまで上を向いて寝ていたはずなんですけど、うつぶせになってますわ」

「じゃあ、動いたのかな」

「さぁ……」

「もう一度、上向きにしてみたら」

「そうですね」

雅子はヒサ坊をあお向けにする。するとどうだろう！　ヒサ坊が苦もなくくるりとうつぶせになって、ニコニコ笑っている。

「やっぱり自分でできるんだわ」

「うむ、たしかに自分で動いた……」

彼が自分でこんなに身体を動かしたことは、初めてだった。

雅子が信じている「奇跡」が起ころうとしていた。いったい、なんど繰り返す一喜一憂か。これまで、そのつど病気にあざむかれ続けてきたが、そのときも、今度こそヒサ坊は元気になるのだと、夫婦で喜びあった。日が経つにつれて一人で座れるようになり、笑いも多くなっていった。たしかに指圧の効果はあったと思った。気にかかるのは痙攣の発作で、これだけはどうしてもとまらなかった。病魔は深いところに巣食っていて、夫婦の希望や喜びを奪い去るように、発作という形で現れて不安のなかに突き落とすのであった。

生きようとする力

雅子は、ヒサ坊の顔をじっと見つめながら、いろいろと思いめぐらせた。この幼気《おさなげ》な小さな肉体のなかで生きようとする生命力は、それを邪魔しようとする病魔《びょうま》と必死に闘っている。そして、ごくわずかずつだけど、身体も大きくなっている。生きようとする精一杯の力がそこにある。勝ってほしい。どんなことがあっても、この闘いには勝ってもらいたい。そのためにはどんなことでもしよう。

不安のうちにも、指圧の効果はいよいよ現れてきた。指圧というものの医学的理論の詳細はわからない。指圧などあまり信じない人もいたが、そんなことは雅子にとってどうでもよかった。ヒサ坊が病気の苦痛から少しでものがれることができれば、それでいいと思っていた。

ヒサ坊は、両足をしっかり曲げてお座りも上手にできるようになり、右手をかたく握ったまま身体の調子をうまくつけて、わずかだがいざることができるようになった。

毎日のことなので、指圧療法の費用も大変であった。雅子は、指圧の先生に勧められてその技術を習い、半年ほどすると、他人の治療も一応できるようになった。指圧師の資格を取得したわけではないが、やる気にさえなればどんなことでもできるという自信がもてた。夫や隆の胃が痛んだり、親戚で具合の悪い人があったりすると、そのとき覚えた指圧をしてあげた。「とてもよくなった」「よく効くわ」などと言われて苦笑しながらも、雅子は自分の治療でも不思議に効果があるんだと喜んだ。

そうこうしているうちに、ヒサ坊は自分の意思を行動に移すことができるようになった。ある日、学校から帰宅した隆が、大声で「お母ちゃま、ヒサ坊がおやつ取っちゃったの」と言った。まさかと思いヒサ坊をみると、隆のためにお皿に入れておいたお菓子のところまでいざっていき、左手でかってに食べていた。

「まあまあヒサ坊は……」、雅子にすれば「本当によく取ってくれた」という気持ちであった。でも、隆はまだ雅子の喜びなどわからず、ほっぺたをふくらませていた。

いざることが上手になると、ほんのわずかの間にこたつに落ちたり、襖《ふすま》に小さな穴を見つけてそこに指を入れ、見事に大きく裂いてニコニコするようになった。紙くず籠《かご》をひっくりかえして、部屋中を紙くずだらけにしてしまったこともあった。そんなことも全部左手だけでやる。普通のお母さんなら子どもをしかる材料だが、雅子にとってはヒサ坊の頭をなでてあげる材料になった。

――早いもので、発病以来八年目を迎えていた。終戦から六年が経って、一般の家庭にもようやく平和な

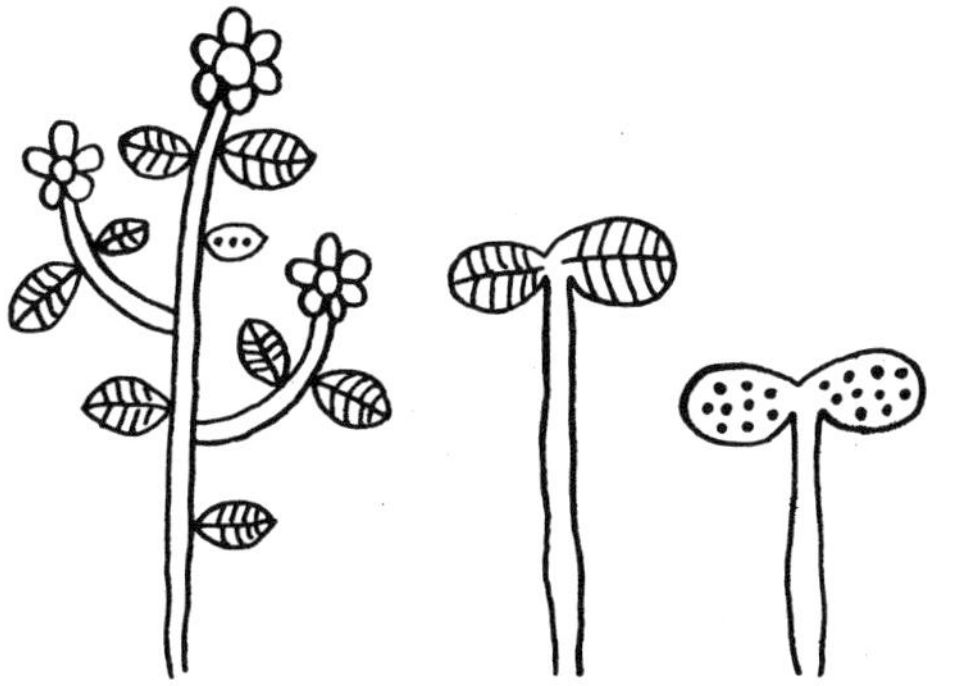

生活がよみがえっていたが、雅子たちの生活はまだ平和というわけではなかった。すべての生活がヒサ坊の看病のために費やされていて、遊びの余裕などなかった。毎日毎日が目のまわる忙しさであった。

目覚め

その頃、九州大学理学部に在職する田中教授の澄子《すみこ》夫人が訪ねてこられた。夫人は、心身障害児の問題を勉強されていた。雅子にとってよき相談相手になり、姉妹のように話しあうようになった。田中夫人は、同じ悩みをもつお母さんたちが手を取りあって生きていくための「集い」の機会をもとうと、熱心に心身障害児をもつお母さんのもとを訪ね歩き、「みのり会」という二〇名くらいの集まりをつくった。

それまでは一人で苦しんでいるように錯覚していたが、同じ福岡の街に仲間がいたということは雅子にとって大きな救いであり、ともに語りあうことのできるお母さん方との語らいは喜びというほかなかった。心身障害児をもつ苦しみを味わっている母親は私一人ではなかった——。そのことを教えられたみのり会であった。

それ以来、自分の殻《から》のなかに固く閉じこもっていたものが、外部へも向かうようになり、雅子の視野は広がり始めた。人間は、どうしても自分本位になりがちである。ましてヒサ坊のことを考えると、ただそれだけでいっぱいになってしまう。その世界のなかではどんなことでも実行してきたが、ものを大きく見る視点には欠けていた。いくら書物を読み、自分なりに研究してきても、限られた範囲を出ることはできない。看護のために直接必要な技術も、心のあり方もそう……。外に出て多くの人々の意見にふれるなかで、「語りたきを語り聞くべきことを聞くことは、絶対に必要だ」と、雅子は痛感した。それが生きた学問だとも思った。

病人と一緒の生活は、とかく湿りがちで引っ込み思案になりがちである。重病人を抱えながら明るく元気に振る舞えと言われても、無理なこと。暗くなりがちだからこそ、できる限り他人と接し、ともに語りあう機会をつくっていきたい。そうしたことが、自分が救われ教えられ、ひいては病人を救う道に連なっていく。みのり会には、ヒサ坊よりもっと重篤《じゅうとく》な障がいのある子どもをもつお母さんもおられる。うちはまだましだ。正しい考え方とは言えないが、そのように感じたことは事実であった。

補装具

焼け野原だった福岡の街も、そして日本も次第に復興してきた一九五四（昭和二九）年、双方の実家の援助もあって、北浦一家は福岡市内に新築した家に引っ越すことができた。何をおいてもヒサ坊が静かに寝ていられる家が欲しかったので、感謝の念もひとしおであった。

新居に移ると、近くの春日原《かすがばる》にある米軍基地のウェストフォール少佐夫人と知り合いになった。夫人は二児の母親で、長男が脳性小児マヒであった。ウェストフォール夫人のお世話により、アメリカ軍のキャンプのなかにある身体障害児のための施設を訪ね、水浴療法やマッサージ訓練などを見学することができた。

そこで夫人は、母親としての愛情に溺れることなく、きわめて客観的にお子さんの訓練をされていた。雅子もそばにいて手を貸してあげたい気持ちになるのだが、夫人はじっと見守っている。本人のためにも手を貸すことはよくないとわかっていても、不自由な子をみるとつい手伝ってしまいがちになる。でも、夫人は決してそれをしなかった。

雅子は、「身体障害児の訓練に単なる感傷的な愛情は禁物だ」ということを、深く考えさせられた。また、夫人はわざわざ雅子の家まで来てくれもした。そして、ヒサ坊に歩く訓練をする必要があることを指摘された。痙攣についても、「アメリカでは、痙攣は足の裏からの刺激によってとまる」という説があることを話してくれた。

経済的に楽ではなかったが、夫人からそんな話を聞いて補装具《ほそうぐ》という器具を求めた。それをヒサ坊の悪いほうの足につけて、歩く訓練を始めた。雅子は、また新しい希望をもつことができた。補装具をつけたヒサ坊を抱えながら、カッチャン、カッチャンという音を聞きつつ歩かせるうちに、だんだんと自分で足を前に出すようになってきた。不思議とも言えるのは、訓練をしていた四〇日の間、一度も痙攣を起こさなかったことだった。

雅子の手術

しかし、この訓練は雅子にとって重労働であった。補装具だけでも、金属が使用されているため重量がある。ヒサ坊も八歳になっており、彼を抱えて腰をかがめながら訓練するのは骨が折れた。廊下に身体をつるすような器具をつくればよいと聞かされたが、その頃でも二〇万円はかかるということで、夢物語りにすぎなかった。

毎日毎日を希望に胸をふくらませながら訓練を続けてきたが、雅子にとっては、長い間の疲労の積み重ねのうえの重労働だった。そのときまで元気だったのがおかしいくらい……。ある朝、大変な腹痛で転げまわるほど苦しみ、とうとう倒れてしまった。医師の診断では、「内臓疾患により、どうしても手術が必要です」とのこと。ヒサ坊のそばからは離れがたかったが、東京の両親の勧めもあった。母親の健康がヒサ坊にとってまず必要なことと、思いきって上京して手術を受けた。

幸いにしてやさしいお手伝いさんがついてくれていたので、ヒサ坊のことは安心してまかせられたが、長い入院生活を終えて福岡に帰ってみると、せっかく訓練を始めた右足を脱臼してしまっていた。原因はわからなかった。そのことを知った雅子は、

「自分が病気にさえならなければ……」と悔やんだ。整形外科の医師に相談すると、「手術にあたって、命の保証はできない」と言われた。

——そしてヒサ坊は、歩く訓練をすることもできなくなった。そのまま一生、歩くことができなくなってしまったのだ。「ヒサ坊が少しでもよくなるように」と願う気持ちとは裏腹に、訓練さえも不可能になってしまったショックは、雅子の心に覆《おお》いかぶさり、再び暗い絶望のなかに突き落とした。

「この罪のない子に、神仏はなぜこのような苦しみをお与えになるのでしょうか。この子がいったい何をしたというのですか……」

神も仏もありはしない。あったとしたら、こんなむごい思いをヒサ坊にだけさせるはずがない……。雅子は泣きながら、そんな恨《うら》みごとを繰り返し繰り返し言い続けていた。

転機

そんな雅子の暗い心に、明るい窓を開けてくれたのは、古川泰竜《ふるかわたいりゅう》先生であった。古川先生は当時、福岡刑務所で教誨師《きょうかいし》をされていた。教誨師という仕事は、死刑囚を教え悟《さと》すなど重要な役割を担っている。その先生のお話を聞く機会を得たことは、幸せというほかなかった。先生は、雅子の悩みを長時間にわたって快く聞いてくださった。

そして、まずこう言われた。

「……あなたはそのように言われますが、お母さんからすれば苦しんでいるように見えるときでも、坊やは、苦しみと感じていないかもしれませんよ。坊やをごらんになって神仏を恨み、悶え苦しむのは、あなた自身の心のなかに問題があるのかもしれません」

そういう考え方もあるのかと、雅子はあ然とした。ヒサ坊が発作を起こして苦しんでいるのは、私の心の持ち方に問題があるなんて……。こんなにヒサ坊のことを思っているのに。事実、ヒサ坊はこんなに苦しんでいるのに……。先生の言葉を素直に受け入れることは、雅子にはとうていできなかった。

しかし先生は、「痙攣によって坊やは、本当の人間としての道をお母さんに教えようとしているのです」と指摘する。また、「坊やの言葉にならぬ声も、聞くものの心次第で、尊いお悟しの言葉として聞くこともできましょう」とも言われた。

「治してあげたい、治してあげたいと願っている痙攣が、私の心のせいだなんて……」、掃除をしながらも道を歩きながらもこのことが心から離れず、唇をかみしめる思いだった。ヒサ坊のそばに何時間も座り込み、考え込むこともあった。

ヒサ坊の無心の笑顔を見つめていると、またかわいそうになり涙がとまらない。だが、いくら泣いても、ヒサ坊の現実は少しもよくならない。ヒサ坊の幸せは、私が泣いているだけではやってこない。このどうにもならないぎりぎり、絶体絶命のなかから、雅子は固い心の扉を少しずつ開いていかざるを得なかった。

「私がいまここで、自分自身の心のあり方を変えないかぎり、ヒサ坊は永久に幸せにはならない――」、そうした気持ちが雅子の心のなかに動き始めた。

障がい児が人づくり

それからは、古川先生のお言葉も素直に聞こえてくるようになった。先生の言われる宗教の真髄《しんずい》はとても理解できないが、不幸なヒサ坊をとおして、神さま仏さまは私に真の幸せを与えようとしてくださっている。だから私は、ヒサ坊のどうにもならぬ現実の犠牲をそのまま受けとめて、家庭のなかでも社会のためにもプラスになるように生かしていかなければならない。そのとき初めて、ヒサ坊は人間としての役目を立派に果たすことになる。このことは、母親としての責任であり、私たち一家の使命でもある。ふさぎ込んでいた雅子も、心のなかでだんだんと気持ちを展開することができるようになっていった。

しかし、言葉で言えばそれだけのことでも、それを本当に信じ、揺るぎない姿で身につけるとなると、なまやさしいことではない。ヒサ坊の看病をとおして、「なるほど、そのとおりだ」と一つひとつ自分自身に合点しても、翌日には、またどうしようもない気持ちになって失望してしまったり……、激しい感情の起伏の道であった。

そうこうしているうちにも、古川先生から与えられた一つの目標は、次第に雅子のものになっていった。それはそのまま、雅子が抱いていた神仏への恨みが感謝の念へと変わっていく過程でもあった。

その頃には、重症児の子どもを十数年も抱えて生きてきたというお母さん方と語りあう機会が多くなっていた。そうしたなか、初対面のお母さんでも、古川先生のお示しになった言葉と同じことを耳にすることがあり、意を強くするようになった。

「重症ですが、うちの子どもはわが家の宝です」

「障がい児がいたお陰で、一生懸命働いてある程度財産ができました。うちの子は福の神です」

「こうした子どもをもったお陰で、私は幸せを教えられました。子どもへのお礼のつもりで、社会のためにつくさなければ……」

何気なく話される方々の姿を見ながら、「この方々も簡単にこうした考え方を身につけられたのではないだろう」と、わが身に起こったことと照らしあわせて理解した。

障がいのある子がいたからこそ、親たちがそうした考えに至った。そう考えると、

「障がい児が立派な人づくりをした」と言っても過言ではない。いずれにしても、雅子の心に転機を与えてくださったのは、古川泰竜先生であった。

健常児の母

雅子は、母や妻であることをそっちのけで、毎日、看護人の努めに夢中だった。そうしなければいられなくて、そうしてきた。だが、隆は小学一年生になっていた。基礎的人格の形成期として大切な時期にもかかわらず、ろくにかまってもやれなかった。かまってやれないどころか、病院通いで外出がちなため、隆にはさみしい留守番ばかりさせてきた。

「あれでは隆ちゃんがかわいそうだ」という外からの声も時々耳に入ってきたが、そういう声に対しては反発を覚えていた。「ヒサ坊の母親にならない限り、私の気持ちなどわかりっこない。余計なおせっかいは言わないでほしい」と。

そんなとき、隆の小学校の担任の先生が家庭訪問に見えた——。

「お宅の隆君、勉強はよくできます。素直で言うこともよく聞きます。ですが、歌がまるっきり歌えないのはどういうわけでしょうか?」

「は……」

雅子は絶句した。思い当たることがありすぎたからだ。

「歌は、案外に子どもの教育には大事なものです。子どもの心を明るくし、夢を与えます。一緒に歌を歌うことで、友達と協調していく精神も養われます」

「実は……」

深く反省しながら、すべてを先生に打ち明けた。

「そうでしたか、存じませんでした。ご無理のないことです」

先生は納得されたが、雅子は早速、隆の音感教育を始めることにした。隆まで歌を忘れたカナリヤにはしたくない。思えば、隆も思いきり歌いたいことがあったろうに、「静かに静かに」と、その純粋な意欲を押さえつけてきた。雅子自身も、隆のために童謡ひとつ歌ってあげたことがなかったのである。「おててつないで」も「むすんでひらいて」も、彼にはまったく無縁な歌だった。

ことは歌に限らず、雅子は、重症児の母であると同時に、健常児の母でもあった。健常児の長男を立派に育てることも、大切な役目だったはず……。ヒサ坊のことだけに夢中だった雅子が、あらためてそのことを強く認識したのはこのときだった。

すぐにレコードを買ってきて、ステレオからいちばん離れた場所にヒサ坊を寝かせ、かけてあげた。もしかして発作が起こりはしないかと、おっかなびっくりだった。しかし――、レコードの音はヒサ坊の耳にも聞こえたはずだが、彼は平気だった。むしろ、リズムにあわせて顔を動かしているようであった。

突発的な音には極めて敏感に反応して発作を起こすヒサ坊だが、一定のリズムをもつ音に対しては恐れる必要がないことを発見した。雅子は、レコードにあわせて歌った。

「♬おててつないで　野道をゆけば　みんなかわいい小鳥になって　歌をうたえば靴が鳴る……」

隆は、喜んで聞いてくれた。雅子自身も、遠い少女の日のことを甘酸っぱい感傷とともに思い出していた。また、知人にお願いして、隆をピアノの稽古《けいこ》に通わせた。ピアノというよりも、音の稽古といったほうがより正しいだろう。半年ほどすると、隆も普通に歌が歌えるようになった。その後も、隆が歌を歌っているのを聞くと、「あぁ、本当によかった」と思う雅子であった。先生の思いがけない忠告も、ありがたい思い出となった。

重症児の兄

隆はおとなしく、弟思いの子である。学校から帰宅すると、必ずベッドのそばにいって、ヒサ坊と遊んだ。マヒのないヒサ坊の左手をつかんで引っ張りっこのようにしてあげると、彼はとても喜ぶのだった。

ヒサ坊も、隆が部屋に入ってくるのはよくわかっている。彼は、一瞬緊張の様子で、隆の動静をうかがうような表情を見せる。「引っ張るぞー」と言われると、嬉しそうな顔をする。隆もまた嬉しそうだった。そんな兄弟の姿を見ていると、雅子は幸せでいっぱいになった。

隆もまた、雅子や夫とともに長い間、ヒサ坊の病気と闘ってきた。小さい頃、隆はうちへ遊びに来た友達の「きみの弟はどうしたんだー」という質問に、「病気して歩けないんだ」と強い語調で答えていた。弟をかばう言外の気持ちがよくわかり、いじらしくてたまらなかった。

小学五年生のときには、「お母様、ぼくはヒサ坊のような病気を治すために、お医者様になるよ。そのためには、ヒサ坊の分まで勉強しなくちゃ」と。幼いながらも、ヒサ坊の発作の苦しさや夫婦の苦労を知っていてくれるのであった。

夫も雅子も、子どもに無理やり勉強させるのはよくないこと、宿題さえしっかりすればそれで結構だ、という主義であった。最も大切なことは健康で、それに勝る幸せはないと考えていた。しかし、ありがたいことに学校ではいつも先生が褒《ほ》めてくださった。

重症児を抱える若いお母さんから、「正常な兄が『お母さんは、病気の弟のことばかりかまっている！』とひがんですねるので困っています。北浦さんは、どのように上のお子さんに接していますか」という質問をたびたび受けて、当惑することもあった。特別に考えたことはなく、自然にそうなっただけなので、明瞭な答えは伝えられなかった。ただ、わが家の場合は、ヒサ坊をなんとかしてあげたい一心で、どんな些細なことでも実行することに夢中——。隆のことも、雅子自身が気づいてからできるだけのことをしてきただけだった。

隆の気持ち

あるとき、隆が重症児の姉妹から励ましの手紙をいただき、その返事を書いて雅子に見せにきたことがあった。「お手紙、ありがとうございました。長い間、父も母も弟のことで大変努力をしました。ぼくは両親が力を合わせて一つの困難を乗り切っている姿を目のあたりにしながら、人生はただ努力するのみ、結果にとらわれないことを学びました。母の笑顔は、長い間の苦しみのなかから生まれた笑顔です」

そんな主旨だったが、雅子はこのハガキを読んだとき、涙がこぼれた。そうした隆の心のうちは、彼が中学受験に合格したときにも、はっきりと知ることができた。合格発表を見に学校へ行って帰宅するとすぐ、ヒサ坊の手を取りながら言うのであった。

「お兄ちゃまは、ヒサ坊のおかげで入学できたんだ。ヒサ坊が不幸をみんな背負っていてくれるから、ぼくに幸せがやってくるんだ。ありがとう」

雅子は、「ヒサ坊がいるために家庭がマイナスになった」というような考え方はできなかった。そうした雅子の考え方が、教えたわけでもないのに、自然に隆の考え方になっていた。これは、雅子にとって大変な喜びであった。そして、「これからも隆自身には意識させることなく、この気持ちを大切にそっと育てていきたい」と思った。その後、隆は高校を経て東京大学に進み、就職も希望どおりに決まって、親としてはひとまず安心した。

このような日常のなか、夫も雅子も、「生きている限りは、いままでどおりヒサ坊を見守っていきたい」と思っている。しかし、自分たちの死後、ヒサ坊はいったいどうなるのだろう……。全国には、自分たちと同じ気持ちの両親がたくさんいて、「この子を残しては死ねない、いっそ死ぬときは一緒に」と悲壮な決意を固めている。「ヒサ坊が一生安心して過ごせるような施設が、ぜひ必要だ」と、雅子は思い始めていた。

ヒサ坊の父

雅子は、もって生まれた性格として、何事につけてもあいまいなことは嫌いであった。看護は看護として、完璧なものでありたいと思っていた。ヒサ坊に万一のことがあったとき、あとになって「ああしてやりたかった、こうしてやりたかった」などと悔恨《かいこん》の情に責めたてられることなど、想像しただけでも身震《みぶる》いする思いであった。どんなに些細なことでも、悔いは残したくないと思っていた。

どれほど力の及ぶ限り努めたとしても、「これでよかった」などと自分を慰めることはできない。ただ、少しでも悔いを残さないための努力をするだけだと考えていた。こうした雅子の気持ちに、夫は心から協力してくれていたので、ことヒサ坊については夫と争うようなことはなかった。

「ヒサ坊をわが家の中心に置く」という考え方は、彼の命をお互いにずっと守り育ててきた体験のなかから、無言のうちに決められてしまったことである。重症児を抱えている家庭の夫が、外でうっぷんばらしをしてくるという話を聞くこともある。家庭の暗い雰囲気にたまらなくなって、現実から逃避したくなるのだろう。重症児を抱えて悩んでいると、そういった気持ちになることも無理からぬこと。しかし、たとえ一時的に逃避してみても、重症児の父である事実はどうすることもできない。夫は、ヒサ坊の現実から逃避することはなかった。ヒサ坊が痙攣を起こし雅子自身が苦しくなってどうしようもないときでも、常に冷静であった。雅子は、夫のありがたさをしみじみと感じていた。

ずっと後になってわかったことだが、ヒサ坊の発病当時、ある医師は夫にこう言ったそうである。

「お宅の子どもさんは、おそらく治らないでしょう。こんなことを申してはなんですが、もし命が助かっても後遺症が残るでしょう。いくら夢中になって治そうとなされても、無駄というよりほかないですよ」

夫は、このことを雅子に隠していた。雅子のことを真に理解し、黙って支持してくれていたのだった。

人生の師

死に勝るほどの苦しみのなかにいる病人、不治の病気にかかっている人、またその周囲の人々の苦しみ、そのすべてを取り除くために、「病人の命を絶ってあげるほうが幸せだ」という考え方を持っている人も少なくない。だが、そうした現実にぶつかったとき、それが実行に移されるとするならば、生命の尊厳を冒瀆《ぼうとく》することにほかならない。人間に与えられた生命は、最後の最後まで大切にされなければならない。

医学的にはどうであろうと、雅子は、ヒサ坊がこの先も生き続けることを信じていた。

このような考え方を非科学的だと嗤《わら》う人がいても、甘受していた。事実、医学的には「一〇歳までのいのちだ」と言われていたヒサ坊が、いまもなお生き続けている。ヒサ坊には、まだこの世になすべき使命があるのだろう。雅子と夫は、ヒサ坊の使命を理解し、社会のために役立たせていきたいと考えていた。

夫は、小学三年生の頃に妹と弟を次々に亡くして、世の中の無常を感じた。四年生の頃には密《ひそ》かにお経の本を読んでいた。四季の移り変わりを見て、ふとそのさみしさに耐えられなくなったこともあったという。そうしたなか、お釈迦さまの一代記を読んで、「釈尊《しゃくそん》もまた生命や老いや病気、そして死の問題に悩み、ついにこれを解決された」とあるのを見て、仏教に強い憧《あこが》れをもつようになっていったそうである。

雅子は、実業家の娘として平和に育ってきたため、結婚当初はお互いの考え方にかなりの開きがあった。そんな二人を近づけたのは、ヒサ坊であった。ヒサ坊という子が無言で果たしてくれた役割は大きかった。夫は、「いまは、ある面で雅子のほうが宗教的なものにふれているのかもしれない」と言っていた。

それでも雅子は、「ただ、できるぎりぎりのところまで大切に看護していきたい」と思っていた。このような夫婦の無条件の愛情がなかったら、今頃、ヒサ坊はこの世にいなかったかもしれない。そして夫婦は、一生の間、背負い続けなければならない悔恨に日夜苦しめられていたであろう。いまの雅子には、どんな困難があっても逃げず、進んでその問題に体当たりしていく覚悟がある。

長い間のなかで、ヒサ坊が教えてくれた生き方であった。雅子は、ヒサ坊を「わが師なり」と思うようになっていた。雅子の半生はヒサ坊によって大転換し、ヒサ坊なくては知ることのできなかった世界を知った。人間の幸せ、人生の喜びも教えられた。このことは、夫も雅子も同じであった。

転居

一九五九（昭和三四）年四月、北浦一家は福岡を離れて上京することになった。夫は、九州大学を辞して、東海大学に勤務することになった。福岡での暮らしは一八年間が過ぎていた。その間に二児の母になり、激しい戦争も経験した。隆は一五歳となり、ヒサ坊も一二歳になっていた。世間知らずのお嬢さんだった雅子も、涙もろいことを除けば、かなりたくましい母親になっていた。福岡を発つときは、田中教授夫人をはじめ、長い間ともに苦労しともに泣いた「みのり会」の方々のお見送りを受けた。ヒサ坊を列車に乗せる際には、九州大学の研究員の方々や駅員の手で担架《たんか》に乗せてもらい、寝台車まで運んでいただいた。

「お元気で――、お互いにがんばりましょう」
「いろいろとお世話になりました」

互いにかわすありふれた別れの言葉のなかにも、さまざまな思いが込められており、目と目が合うと自然と涙があふれてどうしようもなかった。列車が動き始める。遠ざかっていく福岡の街を見つめながら、雅子の心にさまざまな思いがこみあげてきた。

この街で妻になり、この街で母になった。そして、この街で重症児の母ともなった。福岡は、雅子の人生に大きな変化をもたらした忘れえぬ場所となった。その街からいま離れてゆく。再び訪れる機会は、おそらく少ないだろう。「さよなら福岡の街よ」、心のなかで何度も別れの言葉をささやいていた。

日本赤十字社産院

東京に落ち着く間もなく、雅子は、ある方の紹介で渋谷区宮代町（現・渋谷区広尾）にある日本赤十字社産院（以下、「日赤産院」と略す）の小児科部長をされていた小林提樹《こばやしていじゅ》先生を訪ねた。ヒサ坊の発作、痙攣をなんとしてもとめてあげたい。四六時中頭から去ったことのない願いだったので、まず小林先生にそのことを訴えた。

雅子がヒサ坊の病歴を訴える。先生は静かに聞いてくださった。そしてこう言われた。

「発作をとめることは、医師と母親の気持ちが一体となって患児を観察しながら考えてゆくべきこと。そう急にとまるものではありません」

不思議なもので、先生のお話をうかがっているうちに、どこがどうとは言えないが、「この先生なら大丈夫だ」、そんな気持ちになっていた。その後、二度三度と先生と接するたびに、信頼感は深まっていった。三日に一度は先生を訪ね、ヒサ坊の病状を聞いていただいた。先生はその都度、「少し眠りすぎるようですね」「別の薬を使ってみましょう」などと言われ、いろいろと考えてくださった。

このような小林先生を信頼していたのは、雅子だけではなかった。それは、待合室にいるときに話しあった方々の言葉でわかった。先生は、単に小児科の医師というだけでなく、心身障害児を抱える母親や父親の良き心の支えとなっていた。患児とはまるで関係のない家庭のことをしゃべっても、一人ひとりにたっぷりと時間をかけながら親切に聴いてくれた。

病む子はいうまでもなく、その両親も不断に重たい十字架を背負っており、悩みを聞いてもらう相手にも恵まれていない。小林先生になにもかも聴いていただくことによって、どれほど救いになったか計り知れなかった。

そのため、先生の診察は長くなった。一人が診察室に入っていく、待っている者は首を長くして、早くすめばいいと思っている。でも、やっと自分の番がやってくると、待っていたときの気持ちは忘れて一時間近くも腰は上がらず、次の人をいらいらさせてしまう。待合室では、親同士がお互いに苦笑しあっていた。

二週間ばかり通うと、ヒサ坊の発作の回数はだんだん減ってきた。三週間くらいして、あのひどかった痙攣がぴたりととまった。北浦夫婦は、嬉しくて嬉しくて、いくら感謝してもしきれない気持ちであった。多くの場合、重症児には発作や痙攣がつきもので、そのために子どもは苦しみ、周囲の人々もはらはらさせられる。それがなくなるだけで、家族は大変助かった。

このとき先生は——、

「お宅の坊やは、ちょうどとまる時期にきていたのですね。だれもかれもみんなとまるというものではありませんよ」

と語られた。自分の力で発作をとめたなどとは決して言わない。日に日に先生のお人柄がわかってきた。

また、小林先生は、日赤産院の一室で社会から捨てられた重症児の世話をされていた。ある日、雅子は先生に案内されて、病室を見せてもらった。その印象は強烈そのものであり、病室から出るときにめまいを感じたほどであった。病室には、精神薄弱(現・知的障害)があり目も見えず寝たきりの子、笑うことも泣くこともできない子、手足は不自由でないのに自分の頭をゴツンゴツンと壁にぶつけてばかりいる子、四肢に奇形がある子などがおり、病名も何もわからないが、異様なものを感じざるを得ない状況だった。「こんなにもたくさんの重度の障がいを負った子どもたちがいる。どうしてこんな不幸がこの世のなかにあるのだろうか」と雅子は思った。

先生は、そうした子どもたちに親以上の愛情をそそがれている。小林先生が子どもの名前を呼び頭をなでたりくすぐったりすると、みんなニコッと笑う。たったそれだけの仕草のなかにも、先生の重症児に対するお心が感じられて、見るものの胸を打たずにはいられなかった。

島田療育園

そんなある日、小林先生からこんな話を聞いた。

「実はいま、こうした子どもたちが安心して一生過ごせる施設をつくりたいと思って、努力しているのです」

先生は、一枚の青写真を見せてくださった。

その瞬間、雅子は「夢か」と思った。

「もし自分が死ぬようなことがあったら、また、病気で倒れるようなことがあっても、ヒサ坊はここに入れていただけるのだ！」

そのときの青写真は、「島田療育園」（現・島田療育センター）だった。

その頃には、先生を中心に、毎月第二土曜日に集まる「両親の集い」というグループができており、雅子もいろいろと教えてもらうために参加し始めた。そこで、小林先生は言われた。

「『両親の集い』のなかで何か得るものがあったら、それは同じ悩みをもつお母さんたちと不幸な子どもたちにお返しください」

雅子は、「両親の集い」で新しいお母さん方と友達になり、共通の悩みを語りあうことができるようになった。

あるとき、グループの方々と、一台のバスを貸し切って建設中の島田療育園に見学に行った。そこで、母親同士、手を取りあって感動に胸を震わせた。

「やっと、子どもたちの施設ができるのねー」

みんなで涙を流しながらうなずきあった。

島田療育園の名称は、島田《しまだ》伊《い》三郎《さぶろう》氏の名を冠にしたものであった。島田氏の四番目のお子さんに心身障害があった。その子どもさんのことで、雅子と同じようにご夫妻で日赤産院に小林先生を訪ねられたことから、はからずも先生と島田氏の結びつきが始まり、障がいのある子どもたちが暮らすことができる施設をつくろうと考え始められた。一九五六（昭和三一）年の初夏、北浦一家がまだ福岡に住んでいる頃のことであった。

島田夫妻や小林先生たちの努力が始まった。まずは施設をつくる土地である。幸いにして、その年のうちに千葉県下で廃校になっている小学校の分校が見つかった。千坪ほどの土地を買うことになり、手付金まで支払ったが、地元の方々の理解が得られず、猛反発を受けてとうとうその話はなくなってしまった。心身障害児のための収容施設というだけの理由で反対された。島田夫妻の悲しみはどのようなものであったか、想像にあまりあるものであった。

その後、ようやく東京都多摩村に約一万坪の山林を手に入れることができ、一九五八（昭和三三）年六月、多摩駐留米軍のお陰で二千坪ほどの整地ができた。時の電源開発総裁の内海《うつみ》清温《きよはる》工学博士や島田夫人の協力者である伊藤貞子《いとうさだこ》さんら関係者の協力で「日本心身障害児協会」が設立され、会長には日本商工会議所会頭の足立正《あだちただし》氏が選任された。各方面からの募金も集まって、一九六一（昭和三六）年五月、島田療育園は開園の運びとなった。

小林先生は、島田療育園の開園と同時に日赤産院を退職され、初代園長に就任された。それこそ一日千秋の思いで待ちわびていた開園だったが、ベッド数はわずか五〇床であった。

それでも、新しいベッドに寝かされた子どもたちは、みんな幸せそうだった。「ヒサ坊もいつか入園できるのだろう」と、雅子は非常に感謝していた。このように、数々の苦心と時間を経て出発した島田療育園も、建設費が多額なものとなり運営費も赤字であった。「年末になると、あちこち金策に飛び回っているありさまで、ゆっくり治療もできない始末です」と、小林先生は当然のことのように苦笑されていた。

Column

北浦雅子語録①　「守る会」、その名前の由来

一九六一（昭和三六）年五月に島田療育園が開設され大喜びしていたら、翌々年、「島田療育園は、児童福祉法による施設なので一八歳以上は入れません」と、厚生省から事務次官通達が出されたのです。「やっぱり私たちは、子どもと一緒に死ぬよりほかにしょうがないわね」と皆で言っていたら、小林先生が「そんなことを言わないで親の会をつくりなさい」とおっしゃったのです。

慶応病院の階段教室で、親の方々と専門家が一緒になって、どうやってつくろうか話しあいました。そこで出た意見は、「重症心身障害児は親だけでは絶対に守れない。専門家と社会の方々のお力添えなくしては守れない」ということでした。会の名称が「重症心身障害児（者）」となっているのは、「一八歳以上の方たちのことも忘れないでくださいね」という願いが込められています。『親の会』としないで『守る会』としたことは、「親だけでなく社会の共感のなかでこの子どもたちを守っていく」という姿勢なのです。

ヒサ坊の毎日

ヒサ坊は一二歳のとき、生後まもなくの頃から続いていた痙攣がおさまった。痙攣がある間は知能も進まないので、それをとめることは大切であった。遅まきながら痙攣がとまったせいか、感情も豊かになって、人とのふれあいでも微妙な心理の動きがわかるようになり、看護する雅子たちにも張りあいが出てきた。

おもちゃで遊ぶ面白さもわかってきた様子。そんな些細なことでも、ヒサ坊にとっては大変な喜びだった。雅子は、こうして痙攣がとまったことも、東京に帰ってきたお陰だと感じていた。「東京に行ったら、何かよい方法が見つかるかもしれない」という漠然《ばくぜん》とした期待が現実になったのだ。

ヒサ坊はベッドに寝たきり、「生ける屍《しかばね》だ」ととらえる人もいる。でも雅子は、「生ける屍」という言葉が大嫌いだった。ヒサ坊は、まぎれもなく生きていて、彼でなくては果たせない立派な使命を果たしていると思っていた。一九年間のほとんどが寝たきりなのに、よくもこれだけの発育ができたものだと、生命の力の偉大さに驚いていた。身長は一六〇センチメートルほど、体重も三〇キログラムになっていた。

そんななか、入浴は特に骨が折れ、冬でも汗をかくほどの重労働だった。週二回の入浴のたびに、北浦夫婦とお手伝いさんの三人がそれぞれ入れる役、洗う役、着物を着せる役と分担して大騒ぎとなる。ヒサ坊は、身体を動かすことができないので、眠っている酔っ払いを扱うようなものだった。それでも、彼はお風呂が大好きで喜んでくれる。骨を折るかいがあった。髪の毛は雅子が電気バリカンで刈り、髭《ひげ》を剃り、爪を切り、布団も下着も替え……と、日課表をつくっておかなければ忘れてしまうほど忙しい毎日だった。

困るのは、昼間は寝ていて夜間に起きていること。一日のうち半分ほどは眠っているが、その睡眠はいつも昼間だった。それでも、雅子が家にいる日は、昼間でも一生懸命に起きていた。言葉には出せないが、その日の様子で雅子がいることがわかるようだった。だから、彼が起きている間は、必ず誰かがベッドのそばにいた。夫や隆が読書をしながら付き添うこともあるが、雅子やお手伝いさんがそばにいることもあった。目を離すと病状の変化もわからないので、危険でもあった。

最もこわいのは風邪をひくこと。身体の抵抗力が弱いので、風邪をひきやすい。他の病気を併発すれば、命とりになりかねない。そのために、多くの重症児が亡くなっていた。数年前の春には、風邪がもとで痰《たん》が喉《のど》にからまって窒息しかけ、顔色が蒼白になってしまった。びっくりしていろいろと手当てし、やっと窮地を脱することができた。喉がゴロゴロ言いだすのが痰のつまる前ぶれで、風邪をひくとそれが出始める。寒い冬が一番危険な季節であった。

また、大便も二日おきに浣腸してあげなければならなかった。おむつも、濡《ぬ》れている時間をできるだけ短くしてあげなければかわいそうと、いつも洗いたてのものに替えていた。

好物はマカロニ

食事も気を遣う日課の一つ。一日三回、咀嚼力《そしやくりよく》がないのでやわらかい食材を選んだ。ヒサ坊はマカロニが好物。午前中にマカロニを煮て小さく刻んでおくので、北浦家の台所からは決まって午前中にトントンという音が聞こえる。そうして刻んだマカロニをグラタン風にして、卵や野菜、シラス干しなどを加えて味付けし、スプーンで食べさせた。

ヒサ坊の味覚は、とても敏感だった。いろいろな種類のおかずをスプーンで食べさせるが、不思議なことに、見ている様子もないのに嫌いなものは手で払いのける。「どうやって判断するのかわからないね」などと家中で話しあっていた。歯は、永久歯がそろっているが、虫歯があっても治療ができないので困っていた。そこで、食後はスポイトにお湯を入れて歯を洗った。

一時期、左手を使ってパンやビスケットを自分で食べていたときがあった。それを不憫《ふびん》に思って、雅子が食べさせてあげるくせをつけてしまったことがあり、いままでは左手に何かを持たせようとすると手を隠してしまう。それでも、兄の隆がお菓子をもっていくと、左手でとりにきた。幼い頃の記憶が、いまでも彼の頭のなかにあるのだろう。この点だけは、雅子がかわいがり過ぎたのであった。

不自由な手で何かを握ろうとすると、見ていられないほど痛々しくてつい手伝ってしまう。その結果、ヒサ坊の動きはだんだん退化することになる。「かわいそう」と思っても冷たく見ていることが、結局は本人のためだったのだ。「そうした行為は真の愛情ではなかった」と、あとで後悔することになった。自分自身の体験から、「母性の本能的な愛情と冷たい訓練を両立させることは難しい」と感じた雅子は、その失敗について若い重症児のお母さん方に折りにふれて話している。

重症児は、微妙な環境の変化を感じる。ヒサ坊は時々ハンストする。たとえば家に大工さんが入ったとき、雅子は、忙しくて彼のそばにいけなかった。そうした場面では、どうかかわっても食事を拒む。誰もそばにきてくれない不安で緊張し、食べたくなくなるようだった。また、苦い薬を飲ませたあとも、食事を拒否した。そのため、薬をオブラートに包んで、マカロニにまぜて食べさせていた。

重症児の使命

ヒサ坊は、兄弟げんかをしたいという憧《あこが》れも時々のぞかせた。隆がそばに近づくと、左足と左手をバタバタさせてその切実な憧れを現した。その様子を見ていた雅子は、いじらしくなった。「一日中兄弟げんかばかりして」と顔をしかめるお母さんがよくおられるが、うらやましくも幸せなことだとあらためて思った。

多くはないが、ヒサ坊の気持ちを慰めるもののなかに音楽があった。「証城寺の狸ばやし」「雨々降れ降れ」「おててつないで」「こんにちは赤ちゃん」「ウインナーワルツ」――、そうした曲が好きで、左足を動かして拍子をとった。ジャズは好まず、クラシックの静かな曲にじっと耳をすませていた。オルゴールにも、好きなものがいくつかあった。それらはみな、理解ある善意の方々からいただいたものばかりだった。

こうした毎日がヒサ坊の病状とその日常――。重症児は「白痴」「生ける屍」などとよく言われるが、デリケートな感情の現れもしばしば感じさせられる。雅子は、仲間のお母さん方としばしばそういう話題をかわした。

また、東京でも整体療法の新しい先生を紹介してもらい、ヒサ坊の治療を続けていた。ある人から、「そんな無駄なことをしても仕方がない」と言われたが、この療法でヒサ坊の血液の循環がよくなり、動きも少しずつ活発になって、長い間寝ていても床ずれができたことはなかった。

このように、雅子は、どんなことでもヒサ坊のためになると信じたことは試してみるつもりだった。みんなが寝静まった夜ふけでも、たった一人でヒサ坊のベッドのそばについて、彼の吐く息、吸う息の一つひとつに気を配らないではいられなかった。ある人は、「あなたより彼が長生きするようなことがあったら大変だ」と心配してくれた。でも、たとえヒサ坊が百年生きることがあっても、道はおのずと開かれてくることだろう。これまでのヒサ坊との暮らしがそうであったように、と信じていた。

ヒサ坊は、雅子が死ねば、すぐにあとを追いかけてくるかもしれない。それでも、彼は雅子という人間を導くための使命をもった子どもなのだ。だから、いまは一日でも長くこの尊い命の火が燃え続けてくれることを祈っていた。

周囲の人々

北浦家がヒサ坊を中心に生活できたのは、決して自分たちの力によるものだけではなかった。多くの方々の善意に支えられてこそ成し得たことであった。特に、両親や親戚の方々には物心両面でたえずお世話になってきた。

福岡で生活するなかで家を建てることができたのも、ヒサ坊に少しでも静かなところで暮らしてほしいという、親戚の温かい思いやりがあったからであった。その家はそのまま、隆の勉強できる環境にも夫が落ち着いて読書できる場ともなった。

世の中には、経済的に恵まれない重症児の家庭もある。それだけでなく、重症児がいるために世間の目をはばかって、親戚も近づかない方々もあると聞いている。そうした方のことを思うと、雅子は「まだまだ幸せだ」と感謝しなければいけないと思った。

いまヒサ坊が寝ているベッドは、祖父母や幼い従妹《いとこ》に至るまで、親戚中の人たちが美しい募金箱をつくり、お金を集めてクリスマスのプレゼントとして贈ってくれたもの。昨日も今日も、ヒサ坊はこのまごころの贈り物の上に寝ている。きっとヒサ坊も、心のなかで「みんな、ありがとう」とつぶやいていることだろう。雅子もまた、そのベッドをいただいたとき、涙なしではいられなかった。

傷つける言葉

その反面、多くの方々のなかには、こういうことを言われた方もあった。

「奥様、発病のときに坊やが亡くなっていたら、さぞお幸せなことでしたでしょうにねぇ……」

たぶん、その方は慰めているつもりで言われたのだろうが、雅子にとっては胸にぐさっと刃物でも突き刺された思いであった。この方はどんな気持ちでそんなことを言うのだろうか……。疑問とともに大きな悲しみにおそわれ、わが家にとんで帰り、何時間も泣き続けていたことをはっきりと記憶している。

「あそこのお宅、赤ちゃんが生まれた様子もないのに、いつもおしめが干してあるの。

変だわ」

「あの奥さんの子どもさん、なんだかおかしい病気らしいよ」

そんな言葉が何度も耳に入ってきた。

だからどうしたというのだろうか……。雅子は、その場でそう問い返したい衝動にさみしく耐えていた。親としては、障がい児をもったということだけで苦しみ悩む。親の責任かもしれないと考えると、いてもたってもいられないほどだ。そんな気持ちにはお構いなしに、冷たい言葉が聞こえてくるときは、「いっそ死んでしまいたい」というほどの気持ちにさせられた。あえて慰め励ましてくださいとは言わないけれど、せめて傷つけることだけはやめてほしいと一心に念じた。

あるお母さんの話では、下の子どもさんが重症児のため、健康な兄までのけものにされたという。

「お前のとこの妹は小児マヒだ。うつるから遊んでやらないぞ」

そんなふうに友だちからいじめられて、木に縛《しば》りつけられたことさえあったそうだ。幼い子どもたちには何もわかるはずもない。親にそう言われているから、子どもまでそんな態度にでるのだろう。

新聞などのマスコミでも、ときおり「不具の子を殺した」「心中した」といった記事が報道されることがある。そんなとき、雅子は、「もっと早く同じ悩みを抱えている親たちの励ましになってあげればよかった」「せっぱつまった気持ちを聞いてあげたら、尊い命を救うことができたのに……」と、しみじみと考えていた。

ヒサ坊が重症児となるまでは、ものが言えない、目が見えない、歩けないといった障がいのある子どもは自分には無関係だと思っていた。でも、いまはそうした考えがいかに間違っていたことかと、本当に申し訳なく感じていた。雅子のまわりでは、障がい児に対する社会の理解がようやく深まり、温かい手を差しのべてくださる方も多くなった。しかし、日本全国を見渡せば、まだまだ白眼視する人もいるのだろう。雅子は、社会で暮らすすべての方々に、「障がい児とその家族に温かく接してください」とお願いしたい気持ちであった。

励ましの手紙

それでも、雅子の場合は、比較的善意の方々に会うことが多く、二言三言ことばを交わしただけで、その方の人格にほれぼれしてしまうこともあった。まったく見ず知らずの方から親切を受けたときなど、お礼を申し上げるより先に、あふれてくる涙をこらえるすべもなく、嬉し泣きをするばかりであった。

ヒサ坊は、いつも絶やしたことのない笑顔で千羽鶴を眺めている。一羽にこめられている人のまごころを、彼は毎日毎日かみしめているようであった。その千羽鶴の一つは「よろこびグループ」の方々からいただいたもので、もう一つはお手伝いさんが長い間かかってつくり、ヒサ坊の誕生日に贈ってくださったものだった。北海道に暮らす見ず知らずの方からすずらんの花を贈っていただいたこともあった。その花の香りは、贈っていただいた方の心のように香り高いものであった。

励ましの手紙は全国から届いた。「坊やは、寝たままでもたくさんのお友だちがあって幸せね」、雅子はそう言ってヒサ坊と喜びあった。治療する先生方も、ヒサ坊のことを自分の子どものように思ってくださり、少しでも新しい動きがあると、わが子のことのように喜んでくれた。

こうした細やかな愛情に、雅子は強く打たれて心から感謝した。同じような子どもをもつ親との間では、「世の中にはさまざまのタイプの方がおられるが、重症児をとおして相手の人間性というものが感じられてしまうわね」とよく語りあった。長い間の親たちの体験から、そんな考え方が身についたのだろうか。「重症児を抱えて大変ですね」と言われるよりも、「ヒサ坊がいてお幸せですね」と言われるほうがありがたいと思った。逆説でもなんでもない、雅子は本心からそう思っていた。

また、雅子の母親は、とても気持ちのやさしい人だった。そのため、最初のうちは、ヒサ坊がいるために日夜苦労し精神的に悩んでいる雅子の様子をみて、親として耐えられなかったようであった。その母が、いまでは「ヒサ坊がいたからこそ、本当の幸せをつかんだのね」と言って喜んでくれるようになった。

こうして雅子は、ヒサ坊の仲立ちによって、多くの心やさしい方々、また立派な人々と知り合い、生命の尊さも教えられた。それらは、夫婦和合のうえで大きな力となった。いまでは、ヒサ坊は雅子が生きていくことの原動力となっていた。

施設の現状

重症児を抱えた親たちは、精神薄弱児施設（現・知的障害児施設）へわが子の入園を希望しても、「身体が不自由で、自分のことを始末できないからだめだ」と言われる。肢体不自由児施設に行けば、「知能が低いために、教育や治療ができないから入れません」という理由で、あらゆる施設から入園を断られてしまう。そのため、重症児はやむなく家庭におかざるを得なかった。

重症児の家庭すべてが経済的にも社会的にも恵まれていて、家に重症児をおいても支障なく暮らしていけるというのなら問題はない。しかし、多くの家庭はそうはいかない。一人の重症児を抱えているために、その家庭まで破滅してしまうという場合が多い。そうした家庭のなかで暮らす重症児をどうするのか、という問題が当然のように生まれてきた。

雅子は、自閉症のある子どもの家庭を訪ねたことがある。アパートの窓には金網が張ってあり、自閉症児は家の中も外もかまわず裸足で走り回って、手当たりしだいに物を投げたりするそうである。窓の金網を見ながら、火事があったときはどうなるのだろうかと思ったりした。

結核性脳膜炎《けっかくせいのうまくえん》の後遺症として、多重の障がいに陥ってしまったお子さん。五歳までは普通の女の子だった。お父さんは戦争で亡くなられ、家庭はお母さんの手一つによって支えられていた。発症時は大学病院に入院したが、完治の見込みはなく、一年半ほどで退院となる。戻された家庭は、お姉さん二人が学校、お母さんは働くため、昼間は一人縛られたまま留守番をするという状況にもかかわらず、盲《もう》・聾《ろう》・精神薄弱・てんかんを合併していた。

手にふれるものは何でも口に入れてちぎってしまう。大小便をこねまわすこともあるが、身体のほうは一人前なので生理もきちんとくる。このような症状の子どもたちこそ、真っ先に施設に収容する必要があるのだが、手がかかりすぎて収容できないのが当時の施設の現状であった。そのため、そうした重症児は座敷牢などに入れられたり、一日中日の当たらない部屋に閉じ込められたりしていた。

これらの例は氷山の一角にすぎない。一人ひとりの病状・環境はそれぞれに複雑多岐で一様ではないが、たった一つ共通点があった。それは、彼にも彼女にも何の罪もないということ——。雅子はそう思っていた。

両親がけんかすると泣き出し、人がそばにいないとさみしがる。他人に接すると緊張するというように、重症児は決して「生ける屍」ではない。一見すると何もわからないようでも、もし口がきけたら、立派に自分の気持ちを表現するのではないかと思うこともあった。

重症児の楽しみ

折りにふれ、島田療育園にも行った。あるとき、緊張しながら子どもたちの様子を見ていると、五歳と七歳くらいの男の子がまつわりついていた。一人は全盲で精神薄弱の子ども、もう一人はいざることと舌打ちすることしかできない精神薄弱の子どもだった。その二人がまつわりついている様子が、雅子にはけんかをしているように思えて、気をきかしたつもりで引き離してあげた。すると、意外にも目の見えない子が「わっ」と大声で泣き出した。驚いて見つめていると、雅子の目の前で引き離した子が動き始めた。その子は「ラッラッ」と舌打ちしながらいざり始めた。全盲の子は、小さな手をいっぱいに広げて待っていた。「早く来い、早くいらっしゃい」という意思を、見えない目を向けて表しているようであった。いざる子が近づき、広げた手に髪の毛がさわると、全盲の子はたちまち泣きやんで、手にふれた髪を、頭を、顔を、夢中になって撫《な》でまわし始めた。涙によごれた顔に笑顔が浮かんだ。そして二人は

――、またまつわりついた。

雅子は、二人の姿を見ながら立ちつくした。ひどく衝撃的な出来事だった。いま目の前にいる二人の子どもの姿のなかに、重症児のすべてを見た思いがしたのだ。この子たちは、ああしてともに遊び、助け合い、慰めあっている……。重い病苦を背負っている二人だが、彼らには彼ら自身で発見した世界があり、楽しみの場をもっていることを知った。

自分に与えられたわずかな能力のなかで、お互いに助けあっている姿を見たとき、雅子は感動に震えた。それは、「いじらしい」とか「あわれだ」という気持ちを超越した、ある種、神聖な感動であった。

動き始めた雅子

ヒサ坊を育てていくなかで、雅子は、障がいのある子どもたちが社会から守られていないことに気づき始めた。そして、障がいのある子どもの生きる権利や生命が尊重されていないことに強い憤《いきどお》りを感じ、社会に対して行動を起こした。

重症児を抱えているという事実はどうにもならない。どんなに苦悩しても、この事実は変わらない。この絶体絶命のなかから、雅子自身の心のあり方を変えることによって初めて、「人生のよろこび」をあらためて感じることができつつあった。

そうした心の転換によって、ヒサ坊のことに限らず、日常の人間関係、社会問題、さらには生活上の悩みなど、数多くの問題にもゆとりをもって自分自身を眺められるようになったことはありがたいことであった。ヒサ坊によって教えられ育てられたのは、雅子自身であった。

多くの重症児は、人間として生きていくための機能が足りない。しかし、そうした重症児が、自分のもっているわずかな能力のなかで互いに助けあっている姿を見るとき、「人間はみんな、協調して生きていくものだ」ということを、無言のうちに教えられた。私たち人間には完全な者はおらず、みんなで協力して初めて、一つの完全なものになるのではないだろうか……。隆ともよく話しあうのだが、ある研究が成功するのは決して誰か一人の功績によるのではなく、それぞれの人々の特性が結集されてこそ、成果を見るものだそうだ。

重症児を抱えた親であるということは、世間一般の見栄・名誉などから考えてみれば最低の条件だろう。しかし、最低の位置に立ったからこそ、マイナスをプラスに切り替えることができたのだ。

雅子は、「ヒサ坊はわが師なり」と感謝していた。初めて訪ねてくださった方も、ヒサ坊の笑顔を見て、「なんだか心のなかが洗い清められるような気持ちです」と言ってくださる。

そんななか、都会の幸せそうな人を見ると、「世の中に神も仏もあるものか」とねたましくたまらなくなるという知り合いの女性が雅子の家を訪れた。その女性がそうした不平不満の表情でヒサ坊を見ていると、坊やの顔が厳しくなった。そのとき、女性は言った。「神や仏は外にあるものではなく、自分の心のなかにあるものだと教えられました」と。ヒサ坊の無心の笑顔のなかから、何か新たな光明を発見したのだろう。

わが家の宝

そうした日々が続くなか、雅子は重症児の施設を訪れた。毎日、ヒサ坊という重症児の看護をしているので、無関係な人たちより重症児についてははるかに慣れているはずだが、それでいてなお、見学のあとには頭痛がしたり吐き気がしたりすることがある。人間の生きているぎりぎりの姿を見ていると、さまざまな思いにかられて、そこにいる子どもたちに話しかけたり深く考えたりしてしまい、真剣に思いつめた結果が頭痛になるようだった。この私でさえそうなのだから、一般の方々が施設で大勢の重症児を同時に見学すれば、さらに大きなショックを受けるだろう……、と雅子は思った。

施設を訪れたある中学生は、心から「かわいそうだ」と言う。ある高校生は「どうしてこんな変なのばかり集めるんだろう」と。また、大学生は「人生とはいったい何なんだろうか?」と考えさせられたという……。感じ方は人それぞれ違っても、いずれも解くことのできない人生の根本的問題に直面させられていた。重症児からの「問いかけ」は、それほど厳しく強烈だった。

あるときは、親兄弟を泣かせ続けている非行少年たちが見学にきた。その少年たちが、「ぼくらは身体が丈夫なのに、悪いことばかりしている。本当に悪かった」と心から後悔し、その後、施設の子どもたちにお金を送ってくれるようになったそうだ。

重症児に寄せられる善意のうちには、多忙な生活のなかからボランティアとして、施設や運動のお手伝いをしてくれる方々もおられる。ある主婦の方は、「重症児のことを知ってからじっとしていられない、なんでもいいから役に立つことをさせていただきたい」と語られた。

こうした言葉を聞くたびに、雅子は、「重症児は人の心を打つ強い力をもっている」と、信じるようになった。ヒサ坊は「わが家の宝」、そして、「多くの重症児は社会の宝です!」と叫びたくなる雅子であった。

キリスト教の伝道のために当時の西ドイツから日本に来られていたハンナ・ヘンシェルさんの話では、西ドイツの小学生たちは、月に一回、そうした子どもたちのためにと、学校の募金箱にお金を入れるそうだ。また、結婚前の若い女性は、必ず障害児施設に奉仕するのが慣例となっているという。

西ドイツでは、さまざまな方法で障害児施設を生きた教育の場として活用しているということを聞かされた。その日、雅子はヒサ坊の手をとって言った。「坊やたちは、自ら犠牲になりながら社会を浄化し、平和な福祉国家ができることを無言のうちに祈っているんだね」と。

――ヒサ坊は、いつものように笑顔で雅子を見つめていた。

第二部

この子たちは生きている

夜明け前の母親たち

九州から帰京して、足掛け三年目を迎えた一九六一（昭和三六）年。この三年間は、雅子にとって実に意義深い時期であった。遠い福岡にいたら、重症児の問題についてこの目で見、また、関係の先生方から有益な話を聞くことなど不可能であったかもしれない。雅子の目はようやく外に向けられ始めた。自分の小さな殻のなかに閉じこもって嘆いていても何にもならないとわかってくればくるほど、悩みもうすらぎ、ものの考え方も変わってきた。

泣いている自分は、自分自身がかわいそうで泣いているのではないか、子どものことを本当に思ったらやるべきことがあるのではないかと気づき、雅子の心は一八〇度、いや三六〇度転換することとなった。そのためには、物事を客観的に見て、おのれを捨てること以外にこの子を助ける道はない。そのときの心の転換が大きな柱になり、今でも雅子を支えている。さらに十数年の月日を経て、「ヒサ坊はわが家の宝だ」「この子はわが師なのだ」という境地に至ることができた。

そうした心の葛藤と変化を経て、まだ正月気分が抜けない一月九日、雅子は一〇人あまりの重症児の親たちと初めて陳情《ちんじょう》活動を始めた。精神薄弱者福祉法（現・知的障害者福祉法）と身体障害者福祉法の狭間《はざま》で支援がない重複した障害のある重症児を守るため、小林先生に引率され、厚生省・大蔵省などの関係官庁や議員会館などを歩き回った。重症児のための初めての予算措置を講じていただくために、陳情を始めたのである。どこにも預けることができない重症児を背負った母親もいた。後日、雅子らは「重症児を抱えている親たちは、そうでなくても苦労している。それなのになぜ、このようなことをしなければならないのだろうか——。陳情しなければ子どもたちは救われないのだろうか」と、その頃の胸の内を語っている。

多くの政治家に再三無視された。でも、一緒に涙を流してくれる田中正巳《たなかまさみ》氏や橋本《はしもと》龍太郎《りゅうたろう》氏らにも出会った。温かく迎えていただいて泣き、冷たくあしらわれて泣きの母親たちであった。陳情とはまさに一喜一憂の連続で、朝から晩まで行ったり来たり、帰宅は夜になっていた。どういった効果があるかもわからないなか、陳情という形での母親たちの初めての政治への働きかけが始まった。

初の国家予算

そして三日目の一月一一日、小林先生から「通りましたよ!!」と電話があった。雅子は、電話口で叫び喜んだ。第二次復活要求で重症心身障害児療育研究委託費四〇〇万円の予算措置が決定したのだ。わずかではあるが、国家が重症児のために動いた画期的な出来事だった。翌年には、研究委託費が六〇〇万円に増額され、一九六三（昭和三八）年には、島田療育園のベッド増設建設補助金一三二五万円と療育補助費一五〇〇万円の予算が通った。そのほかにも、滋賀県大津市の「近江《おうみ》学園《がくえん》」におられる糸《いと》賀《が》一雄《かずお》氏や岡崎《おかざき》英彦《ひでひこ》氏の努力で、「びわこ学園」に予算が計上された。たった二年間の親たちと障害福祉関係者の努力で、政治家の心を動かし重症児のための予算を勝ちとったのである。

まさに日本国における重症児施策の夜明けとなった。だが、ここで新たに大きな法律の壁に立ち塞《ふさ》がれることになる。国から予算が下りると、施設には児童福祉法による年齢制限が適用され、収容できる児童は一八歳までとなってしまう。「親亡き後のこと」を考えていた重症児の親たちには、夢にまで見た国の予算の代償として収容資格を失うということになり、再び、「自分が死ぬときは、子どもを連れて行かなければならないのか」という苦悩が続いた。

「こんなことで負けてしまっては、重症児もその家族も永遠に幸せになることはできない」と理想に向かって走り始める雅子――。小林先生は、「こうした実情をもっともっと社会に理解してもらうために、『親の会』とも言えるものをつくって働きかけませんか」とやさしく助言された。

守る会を結成

組織をつくることなどにはまったく経験がない母親たちは、当時活動していた全国社会福祉協議会の牧賢一《まきけんいち》氏や見坊和雄《けんぼうかずお》氏、全国精神薄弱者育成会（現・全国手をつなぐ育成会連合会）、全国肢体不自由児父母の会連合会（現・全国肢体不自由児者父母の会連合会）などに協力を仰ぎ、どうにか「守る会」結成の運びとなった。発起人には重症児のお父さん方もメンバーに入り、準備が進められた。全国の重症児の父兄に、守る会の結成についての趣意書・会則などの発送を行った。仮の事務所となった北浦家は、家族総動員で組織づくりに協力した。その最中、ヒサ坊が風邪をこじらせ、日赤産院に入院となってしまったこともあった。それでも雅子は、夜は病院に寝泊まりし昼間は会の結成のために奔走《ほんそう》した。

一九六四（昭和三九）年六月一三日午前一〇時から、「全国重症心身障害児（者）を守る会」の設立総会が東京都港区の発明会館ホールで開催された。会長には雅子の夫である北浦貞夫が就任し、雅子は理事となった。役員は会長一名、副会長二名、理事一三名、会計監事二名という構成である。総会に引き続き、午後からは当時の文部大臣や厚生大臣の代理として児童局長、衆参両院議員ら多数の来賓《らいひん》をお招きして要望大会が開かれ、盛会のうちに終了した。

事務所となった北浦家には、全国から問い合わせの電話や訴えの手紙が届く。守る会の発足で、雅子はあらためて全国の重症児の実情を知り、同時に社会には重症児に対して善意を示される方々が多いことに驚いた。

当事者である親たちが頑張って、自分たちの声を国に届けなければ状況は改善されない。そのことを実感して、守る会は強い絆で結ばれていく。設立総会にこぎつけるまでの経過報告には——、

「重症児をもった親の苦悩は、その親でなければわかりません。しかし子を思う親の純粋な気持ちと、全国から結集した善意の力で当たれば、どんな困難な道も開けてゆくと思います。全国から電話で、お手紙で、重症児（者）をかかえた親子の苦悩と、会に対する期待が届いています。この会を生きた活動の場所にするためには、会員一人ひとりが私心を捨てて、ただ重症児のために努力しなければなりません」

と結ばれている。

歩き始めた守る会

「最も弱いものをひとりももれなく守る」という言葉を理念として結成された守る会は、重症児の親たちの活動母体となり、自主的な運動にも取り組み始めた。守る会独自で重症児施設の増設や療育費補助の増額などを国に要望するとともに、法的な整備も求めて積極的に陳情を行った。また、他の心身障害児関係団体とも活動をともにし、国への要望を継続して展開した。

——誕生から二年、重症児対策の推進が社会福祉事業界全体の問題として取り上げられた。「わが子のいのちを守り抜きたい」という親たちの純粋でひた向きな思いが、新聞やテレビ・ラジオなどの報道関係者を動かした。守る会が、重症児の親たちの思いが社会に与えた影響は、それほど大きかったのである。当時の全国社会福祉大会でまとめられた結論は、以下のとおりである。

「重症児対策の理念は生きる権利それ自体の問題であり、憲法に保障された基本的人権としての生存権の問題として考えなければならない。したがって、児童福祉法で守られなければならないのは当然のことである。また、国および地方自治体はその権利にこたえる義務と、その義務を履行する責務があることを明記しなければならない。一方、重症児をもつ家族を含めて、国民の一人ひとりも基本的人権を守る立場から重症児問題に対する理解を深め、その解決について協力しなければならない」

この結論は、重症児の存在を肯定し、重症児を抱える家庭と国民の役割を明らかにしたわが国初の文章であった。

そして、この理念はその後の重症児対策の推進に大きな力となった。同年、全国社会福祉大会の提言と全国社会福祉協議会予算対策委員会の要望に加えて、守る会の全国大会でも要望を行い、親亡き後のための施設を増やすため、国立の重症児施設が設置されるように全力をあげて取り組むこととなった。当時の母親たちは、「この子を残して死ねない。死ぬときは一緒に――」を合い言葉にしていた。

第二回全国大会

翌一九六五（昭和四〇）年六月、守る会の第二回全国大会が東京・虎ノ門の久保講堂で開かれた。このとき、佐藤栄作《さとうえいさく》総理大臣の代理として出席された橋本登美三郎《はしもととみさぶろう》官房長官が、重症児の親たちの悲痛な叫びを聴いて、用意してきた祝辞を演台の脇に置き、「みなさんの悲しみを悲しみとし、不幸を不幸として受けとめるだけの愛情が、我々政治家にはなかったのではないでしょうか。総理の代理として、予算の面に対しても飛躍的な措置をすることが、みなさんに報いる道だと思います」と涙声で話される一幕があった。

その背景には、評論家の秋山《あきやま》ちえ子《こ》氏が「重症児といわれる子どもを一度その目で見てほしい」と、佐藤総理大臣や橋本官房長官の夫人らを島田療育園へ見学に連れていったこと、また、作家の水上勉《みなかみつとむ》氏が雑誌『中央公論』に「拝啓 池田総理大臣殿」というタイトルのもと、日本の福祉の貧困を嘆いた文章を掲載したことなどが影響している。

その後、すぐに首相官邸で懇談会が開かれ、水上勉氏、「あゆみの箱」の伴淳三郎《ばんじゅんざぶろう》氏、森繁久彌《もりしげひさや》氏、秋山ちえ子氏、施設側として小林提樹《こばやしていじゅ》氏、秋津療育園の草野熊吉《くさのくまきち》氏、そして北浦雅子はじめ六人の親が出席して、それぞれの立場からの訴えを行った。翌年、厚生省は、国立療養所に重症児病棟を設置するための国立重症児施設整備費として八八〇床を大蔵省に予算要求した。

この予算獲得を目的に、久保講堂で心身障害児対策促進大会が開催された。政府関係者を来賓に招き、大臣や代議士のほかに心身障害関係一六団体が初めて一堂に会した大会であった。この大会には、障がい児をもつ父母やそうした施設で働く人々、約千人が集まった。促進大会が終わると、いくつもの班に分かれ、陳情書を手に大蔵省・厚生省・文部省・労働省、そして衆参両院へと向かう。

大会の主要メンバーである太宰博邦《だざいひろくに》氏（日本肢体不自由児協会）、仲野《なかの》好雄《よしお》氏（全日本精神薄弱者育成会）、北浦雅子（全国重症心身障害児（者）を守る会）、登丸福寿《とまるふくじ》氏（日本精神薄弱者愛護協会（現・日本知的障害者福祉協会））の四人は、連れ立って大蔵省へ陳情に赴《おもむ》いた。さらに、厚生省・文部省・労働省を担当する主計官や主査、主計局長の部屋を訪れて陳情書を手渡し、「よろしくお願いします」と頭を下げて回る。母親を代表する雅子は、「重症児に世の中の善意が集まり、一般の人々もこの子どもたちを認めてくれています。単に重症の子どもたちのためではなく、これから子どもをつくる次の時代の人たちのためにも、障害児対策が必要です」と説明していった。このとき、参議院議員会館の四階には四一人の議員がいた。それぞれの個室を一つずつ残らず丁寧に挨拶してまわったが、ほとんどの議員は不在であり、女性秘書の対応で終わることが多かった。

「心身障害児対策促進大会は成功だった」と多くの人は言う。心身障害児がようやく社会の関心を集め、「今年は重症児ムードの年だ」とも言われていた。だが、当事者団体の責任者が異口同音に言うのは、「大会は成功だったが、このままではだめ。年末にかけて予算が決まるまで、連日のように陳情・運動と飛びまわって全力をあげなければ――、国の対策を引き出すのは容易ではない」という言葉であった。

重症児施設の整備と法制化

昭和四一年度の国の予算編成は、年明けに行われた。

一九六六（昭和四一）年正月早々の六日、大蔵省から昭和四一年度予算原案の第一次内示があった。心身障害児福祉協議会（現・障害関係団体連絡協議会）の重症班副班長である雅子は、守る会理事や全国各地から集まったお父さんお母さんらと事務所で待機していた。厚生省は、同年に国立療養所に重症児の施設をつくる計画を立て、全国四か所に二〇〇床ずつの計八〇〇床、東京の整肢《せいし》療護園《りょうごえん》に八〇床。また、重症の大人のために二〇〇床のあわせて一〇八〇床を予算要求していた。だが、これに対する大蔵省原案は、第一次内示で二か所に四〇床ずつの計八〇床と整肢療護園に四〇床、あわせて一二〇床という極めてきびしい内容であった。

雅子らは唖然とし、「今年、この子どもたちの国立施設が一二〇床で終わるのならば、この子らの対策は遅々としてまったく進まないだろう。みんなの力を結集して、復活要求の陳情をしなければならない」と決心した。

一月七日、真夜中の二時頃のことであった。

重症班班長（心身障害児福祉協議会会長）の太宰氏から「すぐに厚生省に集まってくれ！」との呼びかけがあり、雅子ら守る会のメンバーは急いで厚生省に駆けつけた。私たちの要求していた国立重症児施設整備費について、「厚生省は当初要求よりも縮小した復活要求をする方向にあるのではないか」という情報が夜中にもたらされたので、当時の児童家庭局長であった竹下精紀《たけしたせいき》氏に陳情をするために招集されたものであった。世に言う「暁《あかつき》の急襲」として、竹下局長に全面復活要求の実施を迫ったのである。いまでも守る会のなかで語り草となっている一幕である。

このときの陳情について、雅子はのちに、「いくら頑張っても、国立療養所では小児科医の確保が困難などといった理由から引き受けてくれるところがないので無理という雰囲気……。竹下局長も大変苦しまれておりました。それがわかったものですから、『局長さん、私たちが応援します』とお願いしたのです。国立重症児施設は、国立の結核療養所から病床転換された形で創設されました。しかし、結核の方々の療養所はどこも老朽化していました。だから、私たちは『結核療養所の方々も同じように苦しんでいるのだから、予算を出してあげてください』と訴えたのです。自分たちの子どものことばかり考えて運動していたら、最初の五二〇床はなかったかもしれません。常にほかの方々（社会的に弱い立場にある人々）の幸せを考えることは、福祉として大切なことです」と述べている。

早朝の九時半、関係者一同が東京・赤坂プリンスホテルに集合した。そこで自民党政調会社会部会の議員の方々に「重症心身障害児のためにお願いします」と陳情したのを皮切りに、一三日夕刻の大臣折衝で復活予算が決定するまでの間、重症班は力を合わせて陳情活動を続けることになる。雅子たちは、厚生省・大蔵省・議員会館・赤坂プリンスホテル、そして全国社会福祉協議会の予算対策本部がある全共連ビル、ときには総理官邸と、足を棒にして駆けまわった。

そんな最中、静岡県下で重症児のお父さんがわが子を絞め殺してしまうという悲しいニュースが流れる。雅子は、「このような悲劇をなくすために頑張っているのに」と、間に合わなかったことを心からすまなく思った。

緊張と不安のなか、大臣折衝が行われる一三日を迎えた。夕方六時頃に雅子が事務所に帰ってみると、「いま、厚生大臣から重症児の復活予算の内容が発表された」という。報道関係の方々も詰めかけ、お父さんお母さん方も右往左往していた。

復活予算で、国立療養所二か所に各八〇床と同八か所に各四〇床の計四八〇床に加えて、肢体不自由児施設「整肢療護園」に四〇床（その後、一九六七（昭和四二）年に重症心身障害児施設むらさき愛育園となる）の設置が決まった。全部あわせて五二〇床――。当初の要求の半分ほどだが、重症児のための国立施設が新設されるということは、とにかく画期的なことであった。

この予算が決まったときは、母親たちがべったり座りこんでしまったほど……。駆けまわり、訴え続けた。「よく倒れませんでしたね」と周囲から慰められ、初めて涙ぐんだ。だが、評論家の秋山ちえ子氏は、「国はかなりよくやったと思うが、障がい児の母親がここまでやらなければならないのは、おかしい」と訴えている。

そんななか、北浦副班長以下の守る会の母親たちには、称賛の声があがっていた。

太宰会長は、この母親たちを「あれほどひたむきな運動を見たことがない。母親の強さだ」と言い、全国社会福祉協議会の予算担当責任者は「一度はわが子を殺したいとさえ思った母親だけに、一途で、裏がなくて、信頼された。よくやったと思います」と語っていた。守る会の母親たちは、「重症心身障害児だけでなく、ガン対策にも生活保護にも、とにかく予算が復活してよかったとほっとしました。みんな、いのちを守る大事な対策なんですから」と喜んだ。

児者一貫体制の療育

母親たちのもう一つの願いであった施設職員の待遇改善は認められなかったが、重症児指導費は要求どおり一日三〇一円と決定した。子どもを預かる看護婦さんや保母さんの苦労を最もよく知っているのは母親たち。だから、その方たちに代わって、施設で働く職員の待遇改善を同時に訴えたのだ。すると、「この点も早々に人事院と打ち合わせて善処する」というお言葉を厚生大臣から賜った。さらに、母親たちが独自に「らい病（現・ハンセン病）患者の療養所職員と同じくらいに」と人事院と大蔵省にお願いしたことで、看護婦・看護助手・保母・保母助手が二〇％、医師・指導員・理学療法士・心理療法士・洗濯婦・栄養士などにも調整号俸がつくことになった。

同年、国は中央児童福祉審議会に重症児特別部会を設け、重症児を児童福祉法に取り入れることについての具体的な審議に入った。そうしたなか、名称は「重症心身障害児」と決まったが、この部会における審議の焦点は重症児の範囲をどうするかであった。範囲からもれる子も出るため議論は伯仲したが、最終的には、「重度の精神薄弱及び重度の肢体不自由が重複している児童」ということになった。そして一九六七（昭和四二）年、児童福祉法が一部改正され、それまでは任意の施設であった重症児施設が児童福祉施設に位置づけられることが、国会で承認された。また、「重症児施設には一八歳以上も新たに入所可能」ともされた。こうして、重症児者は「児者一貫体制」で療育を受けられることが決まったのである。

Column

北浦雅子語録②

社会の共感を得られる運動

守る会の発足当初、「重症児は全国に三万人」と言われていました。「たった三万の力で、あなたはなにを勝ち取れると思っているのか！」と他の団体から圧力をかけられたのです。

そのときに私は、「ここにたった一人でも弱い人がいたら、それをみんなで守る。そうすればそれは一億になる。だから、みんなで守ることが大事なのです」と申し上げました。

社会の人たちは「こんなに障がいの重い子どもは役に立たない」と、枠の外においているのです。だから、右往左往してみてもたいしたことはできないと思っているのです。そうではなく、「この一番重い子どもたちを社会の真ん中においてください。そのかわり、私たち親は社会の皆様の幸せのために頑張ります」という姿勢でないと、社会の共感は得られないと思います。

守る会の三原則

その頃、親の立場を超えて重症児の立場に立ち、その命を守ろうとするときに、親の生きる権利と子どもの生きる権利がどこかですり替わっていくのならば、それは子どもの幸せにはつながらない。「子どもの幸せを考えるとき、あくまでも親は一歩下がって謙虚でなければならない」との思いから、貞夫と雅子は守る会の三原則をつくった。

一、決して争ってはいけない
　争いの中に弱いものの生きる場はない
一、親個人がいかなる主義主張があっても重症児運動に参加する者は党派を超えること
一、最も弱いものをひとりももれなく守る

一つ目の原則は、重症児を守ろうとするときには、専門家・職員・ボランティアなど多くの領域の方々の力が必要である。そのときに親同士、また親と施設職員が争っていては重症児はたまらない。重症児者は自らを主張し、あるいは訴えるということができない。たとえかすかな意思表示ができたとしても、周囲の人々がそれに気づいてくれなければ、黙ってすべてを人に委ねなければならない。このことを思うと、雅

子は、弱い立場に立たされているすべての人々のことが痛ましく思われ、胸が痛んだ。もちろん、意見の交換、ディスカッションは十分に必要なことだが、自分の意志を通すために相手を傷つけてまでも自己を主張したとすれば、子どもたちはさぞ悲しい思いをしていることであろう。こうした思いから、「争いのなかに弱いものの生きる場はない」とした。

二つ目の原則については、守る会の発足前、重症児者は社会から見捨てられ、除外されていた。しかし、今日では、少なからず社会の理解と共感のなかにある。その社会には多くの方々がおられ、多くの主義主張もある。当然のことだが、だからこそ、その力を結集するためには、個人の主義主張を超えなければならない。重症児者の問題は、単に子どもたちの問題ではなく、社会のすべての人間を等しく尊重していこうということ。それが、守る会の願いであり精神でもある。重症児を抱える親の運動は、あくまでも「己を超えたときに子どもたちに実りがある」と固く信じているからである。

三つ目の原則。長い日本の歴史を見ても、とかく一般社会のなかでは、お金や権力、そして生産性につながる人間に価値があるような思想が根強い。たとえ、その人のもっている能力を真剣に生かすように努力していても、それが生産性に結びつかなければ評価はかすんでしまい、まじめに生きる人間ほど損をするといった世相があるように思われる。そうした世相は、重症児には生きる権利さえも認められず、死んでしまったほうがましだという声にもつながっていく。だが、一番弱いものを切り捨てるということの次は、二番目に弱いものが切り捨てられていくということ。そして、私たち自身がいつかは年老いたり重い病気におかされたとき、切り捨てられる側に立たされるかもしれないということを意味している。

重症児を守り抜く。そこには、たゆまぬ辛抱、強い愛がなくしては守り切れない。「重症児から教えられた思いやり、温かい心があって初めて最も弱い人々が守られる」といった思いからつくられた三原則なのである。

念願の子どもたちの城

雅子をはじめ守る会の父母たちは、会の設立当初から、直接あるいはお便りや電話で寄せられる全国の親たちからの悩みや相談に応じようと、岩田《いわた》シズカ氏から五年間無償で貸与を受けた事務所（東京都港区西久保巴町（現・港区虎ノ門））に、役員として輪番制で対応した。また、小林提樹先生をはじめ専門家や相談機関などの協力を得て、事務所での療育相談や会場を借りての巡回療育相談を行ってきた。こうした実績が認められ、守る会設立から二年目の一九六六（昭和四一）年、かねてから申請していた社会福祉法人の認可を受けることができた。

さらに、一九六九（昭和四四）年四月には、親たちの心の拠りどころであり、在宅で暮らす重症児者の拠点となる「重症心身障害児療育相談センター」（以下、「重症児センター」と略す）が、あゆみの箱の募金、清水基金、日本自転車振興会（現在はJKA）や会員など、社会の多くの人々の支援によって、東京都世田谷区三宿に完成した。

このセンターは、地上三階、地下一階の建物で、診療室・療育相談室・プレイルーム・親たちの部屋・ボランティア室、そして地方から相談に訪れた親の宿泊室も完備した、当時としては最先端の施設であった。また、翌年には、法人独自の事業として、重い心身障害児者のための母子通園「あけぼの学園」（現・児童発達支援事業及び生活介護事業）を開始し、寄贈されたバスを利用して渋谷駅からの送迎も実施した。雅子は、法人副会長、そしてあけぼの学園の園長に就任した。

だが、重症児センターの運営は民間からの寄付に頼っていたため、非常に厳しく不安定であり、たびたびピンチに追い込まれた。特に、一九七一（昭和四六）年に起こったドル・ショックによる経済不況では、期待されていた産業界からの寄付が集まらず、建物の維持費や職員の給料が払えないこともあった。そうしたなか、新聞でこの状況を知った一般の方が、名も告げずに玄関に現金百万円をポンと置いていくという奇跡もあった。こうした多くの人々の善意に支えられ、重症児センターの運営は今日まで続いている。

この間に雅子は、日本自転車振興会の補助による地方で初の巡回療育相談（北海道など）に同行したり、重症児のわが子を安楽死させた森川事件の参考人として法廷で意見も述べた。また、島田療育園の中沢千代子《なかざわちよこ》総婦長らとともにヨーロッパの福祉視察に行くなど、活発に活動を展開していった。

このヨーロッパ視察で雅子の印象に特に強く残ったのは、ドイツのコロニー「ベテル」の園長が、ナチスドイツ時代、独裁者・ヒットラーから「価値のない命を殺せ」と命令を受けたとき、「この子たちに生きる価値がないというならば、まずこの私を殺してください」と命がけで障がい児者を守ったという逸話である。「この言葉には今でも頭の下がる思いである」と雅子は言う。

重症児施設の職員不足

一九七四（昭和四九）年、守る会は結成一〇年を迎えた。だが、このときも現在と同じように施設の職員不足という大きな問題が起こっていた。その状況について、雅子は『月刊福祉』に福祉の貧困を次のように訴えている（一九七三年四月号、全国社会福祉協議会出版部）。

……（前略）

重症心身障害（者）のいのちを守るために、会を結成して早や一〇年目を迎えました。この一〇年を振り返ると、まことに感にたえないものがあります。……（中略）……施設の数も発足当時、民間施設の約二〇〇床にすぎませんでしたが、現在では国立、公法人立をあわせて約八〇〇〇床になりました。多くの子どもたちが、施設に入所して幸せに生きていけるようになり、私たちの心にも、ようやく明るい希望の灯がともったように思われたのです。しかし、その灯がかきけされるように、最近大きな問題が起こってきました。それは施設の職員の問題です。職員が確保できないために、重症児施設はお手上げだ、という声を聞くようになったのです。

発足当時、私たちは「この子たちを育てるためには親の個々の力には限界があり、経済的にも、精神的にも、肉体的にも疲れ果てました」と訴えましたが、一〇年経った現在、施設の職員の方々が、その時の親と同じ叫びをあげているように思われてなりません。重症児の人権を守ってほしいという親の願いが、施設であるならば施設の職員の人権が、子どもと同じように守られなければ、この子たちの真の福祉はありえないのではないでしょうか。

※

勿論、重症児といえども人間です。どんなに障害が重くても、その子ののびる芽をのばしてやりたいのです。しかし、重症児の生きるいのちを守りながら、その子のもっている能力をのばしていくことは、ひと言でいえば簡単なことですが、並大抵のことではありません。親の私たちには良くわかります。こうした労働にたえかねて、腰痛症を起こしたり、精神的につかれて「重症児はかわいい、A子ちゃんの笑顔が忘れられない」と言いながら、施設を去っていく職員の話を聞くと残念でたまりません。

ある精神薄弱児施設の保母さんが結婚しようとしたとき、相手の両親から、「そういう施設で働いていた人と結婚してはいけない」と反対されたという話を聞きました。また、重症児施設で働きたいという娘さんが、両親から強く反対されたという話も聞きました。施設で子どもの生命を守るというこんな尊い仕事をしてくださる方が、なぜこのように言われなければならないのでしょう。こうした考え方が根強くある社会の中で、障害児を守ろうと決意してくださった職員の待遇は、あまりにも貧弱と言わなければなりません。勿論、お金だけで解決するものではありませんが、もっと、経済的にも精神的にも、また労働の面でもゆとりをあたえ、明るく誇りをもって働くことのできるように、待遇の改善を願ってやまないのです。このことを私たちは、親の立場から強く強く訴えたいと思います。重症児の人権も、職員の人権とともに守られてこそ重症児の幸せがあり、親の幸せが得られるのだと思います。

しかし、この二つの人権は、互いに尊重し合わなければなりません。重症児の幸せが、職員を犠牲にしたうえではありえないと同時に、職員の人権も、子どもの幸せを忘れてはあり得ないと思うのです。

※

また最近、ある人から「重症児のように社会のために役にたたない人間に、なぜ、こんなにお金をかける必要があるのでしょうか」という声を聞きました。こうした声を聞く度に、まだまだ重症児の生きる場はこの日本の社会にはないのだと悲しく思うのです。人間は、正常だと思っていても、誰でも老人になっていきます。「自分の息子の世話にはなりたくない」、また「早く死んだ方がましだ」など、自分の老後を心配している方がたくさんあります。ねたきり老人も重症児も、施設の介護の点では変わりないと思うのです。最近、老人が自殺する事件が連続的に起こっていますが、社会の中で一人で生きていかれない弱い人間を、みんなで守ろうとする心が欠けているのではないでしょうか。弱い人間の生命はこの社会の方々の「福祉の心」にかかっているのです。

私たちも、多くの方々にささえられながら運動をつづけてきましたが、もう一度初心にかえり、この子らの生命の尊重を訴えてゆかなければなりません。また、この子らの幸せは、人間の優越感、差別感、力関係ではあり得ないと思うのです。しかし現実には、割り切れない、やるせない気持ちになってしまいます。これも福祉の貧困からきているのでしょうか。

ある新聞に「重症児こそ社会福祉のカナメ。最底辺におかれた重症児に光をあてない限り、福祉全体の向上はあり得ない」と書いてありました。私たちは、重症児の幸せばかりでなく、社会の弱い人間がひとりももれなく守られることを願っているのです。そのためにも、「福祉の心」の輪が社会に少しでも広がっていくことを願ってやみません。
（後略）……

夫の難病

ヒサ坊が二四歳のときのことだった。夫の貞夫が思いもかけぬ難病にかかり、入院が必要となった。雅子は、ヒサ坊の世話をしながら夫の看病をすることはできないため、泣く泣くヒサ坊を重症心身障害児施設「むらさき愛育園」（前述）にお願いすることにした。夫は、守る会の発足以来、会長を務めていた。大学の理学部で教鞭も執っていたが、五年間の闘病生活の末の一九七八（昭和五三）年二月九日、自律神経障害による全身衰弱のため六六歳でこの世を旅立った。「シャイ・ドレーガー症候群」という病名、日本では珍しい難病であった。

夫の闘病中、ヒサ坊を施設にお願いすることができたが、これまで自宅でしか生活したことのないヒサ坊にとって、急激な生活環境の変化は大きなストレスになった。何日も眠らず、緊張で拒食状態。さらに、身体がどのくらい動くかを診るために行ったリハビリテーションで骨折してしまい、胸までギブスをつけることになってしまった。ヒサ坊はどんどん衰弱してついに危篤状態に……。見かねた雅子は、病院の先生に「もうダメでいいから、せめてギブスをはずしてあげてください」とお願いした。夫とヒサ坊が同時に危篤状態に陥ってしまったのである。このときは、雅子にとって最もつらく苦しい時期だった。

毎日、昼間は夫の看護をし、夜はヒサ坊をベッドの横で見守った。ある雪の降る日、雅子は二人とも消えていきそうな姿を見た。あの悲しさは忘れることができない。「私は、最愛の夫とわが子の二人までも苦しめなくてはならない、罪深い人間なのだ」としみじみ思った。そしてこの二人に詫びることは、私の力でできる限りの看病を続けることだと心に決めた。

このように、夫の闘病生活は、貞夫にとっても雅子にとってもとてもきびしいものであった。貞夫の意識は正常だったが、身体は徐々に自由がきかなくなり、気管切開を余儀なくされて、言葉を話すこともできなくなった。そのため意思疎通が難しく、たったひと言の言葉を理解するために二、三日かかることもあった。それでも、これまでのヒサ坊との無言の会話が、夫との意思疎通を可能にしてくれていた。

貞夫は、きびしい状態にもかかわらず、人に対しては常に笑顔で接した。そのまなざしは感謝に満ちていた。幸いにして心温かい主治医と出会え、その方に生命を託しているようであった。また、親切な看護婦さんや多くの方々の励ましによって、苦しいなかでも感謝の気持ちを持ち続けた。傍《かたわ》らに寄り添う雅子は、「苦しみを乗り越えたこの夫の心を、私が傷つけるようなことがあってはいけない」「どんなにつらいことがあっても、夫を看病してくださる方々には感謝の気持ちを忘れてはならない」と、自分自身にきびしく言い聞かせた。

ヒサ坊と夫と一緒に闘病生活を送るなかで、生命を守るためには多くの方々の支えとチームワークがなくてはならないことを思い知らされた。病人の家族が自分のつらい感情をぶつけ、感謝の心を忘れたときには、生命を温かく守りぬくことはできない、ということを身をもって教えられた。

――夫が亡くなった後、雅子は、一〇〇日ほどはなんとか頑張っていられたが、ついに崩れるように体調を壊し、膵炎《すいえん》のため三か月ほど入院することになった。気は張っていたが、長い看病生活で疲れ果ててしまったのだった。

会長就任を決意

会長である夫が亡くなったことで、守る会の理事会から雅子に「是非、会長に就任してほしい」という話が再三あった。この要望に対して、長男の隆は、「会長をやらなければならないと思うのだったら、やめたほうがいい。心からやらせていただこうと思うようになったとき、親父も一番喜ぶだろう」とアドバイスしてくれた。

故会長を偲び神奈川県の箱根で開かれた支部長会議で、雅子は、自分の心のうちを素直に話した。「自分は、女房役には向いているが、会長という大役の責任を果たせる自信はない。子どものことを思う気持ちは誰にも負けないくらい強いが、自分自身は非常に弱い人間である。組織には常に新しい力の盛り上がりが必要であり、古さの沈滞は子どもの幸せに最もつながらない」と――。

これに対して、全国から集まった支部長たちは、一人ひとり自分の意見を発言した。

「弱い会長だからこそ、みんなで助け合って力を合わせていこう」「これ以上北浦さんに寄りかかることは、気の毒でしのびない。我々の運動はこれではいけないのかもしれない」などなど……、活発な意見が出された。支部長のなかには、長男やヒサ坊と同じくらいの年代の人も障がい児の父親として出席されていた。このように若い父親、母親たちが、なぜ自分たちの歩んできた険しい道を再び生きなければならないのかと考えると、雅子は胸が痛んだ。と同時に、この若いエネルギーが第二の守る会となって、雅子たちの古さを克服してくれるかもしれない、と次第に勇気が湧き出てきて、「会長をやらせていただこう」と心が動き始めた。そして、守る会の発会記念日である六月一三日、雅子は二代目の会長に就任した。

就任の挨拶では、「親の会で一番大切なものは、故会長の遺訓でもある、運動をやらせていただきながら親自身の人間形成を目指すことが、子どもを守ることの大きな要素である。会の三原則をもう一度よくかみしめて、会員のみなさんとともに歩んでいきたい」と述べ、親の会の使命として――、

第一に、「大切な国家予算を真に子どもたちの幸せのためのものにすること。重症児にとって、施設療育や教育の場でも各種専門職の調和なくして幸せはあり得ない。この調和のために、親は重症児の心になり代わってどのように努力したらよいのか。大切なことは親の自我を捨てて広い視野に立って、それぞれの立場を尊重しながらも妥協することなく、真の重症児の立場に立ち得る親になることだ」

第二に、「同じ悩みをもつお母さんと子どもが一人でも多く救われること」とした。

これは、あけぼの学園での実践をとおして、職員から、親だからできること、親にしかできないことを気づかされたことによるという。

Column

北浦雅子語録③

北浦貞夫初代会長の遺訓

五年の闘病生活の間、夫はじっと耐え、しかも笑顔を忘れなかった。そして常々、「人間は何をやったとしても最終的には自己の人間形成の完成に近づくことが大事なことであり、そのことに生きることこそ、本当に生きるということだ」と話していた。それは、重症児が笑顔で人の心を打つ姿と似ていた。その苦しみに耐えた結果が、火葬後、仏が安座し合掌した姿そのままの「のど仏」として現れた。故会長の人生がたどり着いた極致として、立派な花を咲かせて逝ったのだ――。

重症児の親が苦悩と思っていることも、実は、重症児によって初めて自分自身の「生きる」姿を見つめ、己の人間形成の完成に近づくよう、重症児がいろいろな形で私たちに問いかけているのかもしれない。このように考えると、「重症児はわが家の宝、天使」と暮らしてきたことを、故会長は自ら実践して立証してくれたように雅子には思えた。

ヒサ坊の世界

ヒサ坊はギブスがはずれると何とか持ち直し、危篤状態を乗り切ることができた。そして、園の皆さんの支えと協力で、心身ともにさまざまな成長を遂げていった。

夫の納骨をする前、雅子は最期のお別れの機会として重症児施設に入所しているヒサ坊を家に連れて帰り、遺骨と対面させた。ヒサ坊は何も知らず、相も変わらずお地蔵様のような顔をして、ニコニコと雅子の手を求めて固く握りしめていた。

重症児施設設置の急速な進展により、当時、施設のベッド数は三〇〇床から一万三〇〇〇床となっていた。雅子自身、夫の看病に専心できたのは、ヒサ坊を施設に預けられたからこそであり、職員の方々に対して感謝にたえない思いであった。

夫の死後、雅子は、ヒサ坊を自宅に引き取ろうとも考えていたが、園での様子や成長ぶりを見るにつけ、次第に「ヒサ坊にとっての幸せは、ここで暮らしてたくさんの職員さんに囲まれ、さまざまな刺激を受けて、友達と一緒に過ごすことではないか」と思うようになった。引き取るのはいつでもできる。だから、もう少し園での生活を見守ることに決めた。

ある夏の日、ヒサ坊が施設から帰ってくると、髪型が長髪に変わっていた。しかし、暑さで髪を掻いて仕方がないので、床屋さんに頼んで五分刈りにしてもらった。

しばらくして施設に連れて帰ったところ、若い職員さんが飛んできて「わぁ、お兄い〜！　坊主にされちゃって。またカッコよくしてやるよ」と言う。すると、ヒサ坊は生き生きとした本当に嬉しそうな表情で職員の手を握った。そのとき雅子は、五年目にしてやっとヒサ坊の世界がこの施設で拓けた、と心の底から安心できるようになった。

だが、そうは思いつつも、寒い日には「毛布はかけていますか？」「寝間着は着ていますか？」「変な夢を見たけれど、ケガはしていませんか？」……、などと施設に電話をかけて聞いてしまう。「もしかすると、自分は悪い親かもしれない」と思っていたところ、ある職員さんから、「そうやって親御さんがいつも子どものことを忘れずにいてくれることが、私たちの働く意欲にもつながっているんですよ」と言われた。その言葉が嬉しくて、「職員を支えるのも親の気持ち次第なんだ」と思うようになった。

ヒサ坊は、雅子が面会にいくと、いつもあの笑顔で迎えてくれる。食事のとき、雅子が食べさせようとすると、嫌いなものはギュッと口をむすんで食べようとしない。ところが、園の職員に「だめよ、食べなきゃ」と注意されると、パッと口をあけて食べる。そんなときは、涙があふれてどうしようもなかった。母親と思って甘えてくれるヒサ坊の姿と施設という社会のなかで暮らしている彼の思いが交錯していとおしく、複雑な涙がこみあげてくるのであった。

このように、園で生活するうちに、ヒサ坊は本当にたくましく成長していった。寝たまま乗れる特別の車椅子でお花見に出かける。遠足に行くと、付き添いの雅子のほうが疲れてしまうほどだった。

振り返ってみると、ヒサ坊は、痙攣が軽くなってから、薄紙をはぐように知恵が出てきた。一八歳にしておもちゃで遊ぶようになり、二一歳になると鉛筆をもってスーッと線が引けるようになった。ゆっくりではあるが、施設に入ってから彼なりの成長を確実にしている。最近では、「重い障がい児に教育を」と言われるようにもなった。大変嬉しく思うが、いわゆる勉強だけが教育ではない。わずかずつではあるが伸びていく力もまた教育ではないか、と雅子は考えるようになっていた。

主役はあくまでも子ども

守る会を結成して一四年目――。守る会の親たちが運動してきたからこれだけの成果が得られたのではなく、そこに子どもたちがいるからこそ、多くの社会の人々が協力してくれた。一番大切なのは常に子どもであり、重症児の存在がこれを実現した。そうした精神をどのようにして今後の運動に結びつけて展開していくかに、雅子は悩むようになった。

また、子どもを施設に入れて安心しきっている親よりも、「子どもは元気にしてるだろうか……」といつも心配し不安にさいなまれるなかで、「どうにかしてあげたい」という心のある親たちのほうが守る会にとっては大切である。そうした親を、施設の職員たちが「うるさい親だ、余計なことを言う」と受けとるなら、それは伸びにくい施設となるだろう。

もちろん、親は感情に走りやすい。そのときは注意してほしいと思うが、職員と親が手を取りあって子どもを守ってこそ、本当の施設だと思う。ある施設では、労使問題で経営者と組合が激しく対立していると聞く。そんなときでも、親は、争いのなかに巻き込まれないで、どうしたら子どもを守れるかだけを考え、純粋に運動を展開していくべきだろう。そうすれば、問題はおのずと解決していくのではないかと思うのであった。

再び価値を問われる時代に

一九八三（昭和五八）年、守る会の結成から二〇周年を迎えたことにちなみ、会は記念事業として『この子たちは生きている』（前掲）という書籍を刊行した。そのなかで、雅子はそれまでの人生を振り返り、次のように語っている。

……（前略）

守る会で運営している通園施設に「あけぼの学園」があります。そこの卒園式では、一人ひとりの子どもに修了証書が手渡されます。

「S子ちゃんは、おしっこが出そうなとき、お腹がすいたとき、いっしょに遊んでほしいとき、大きな声でアーアーといいます。動物の声やピッピちゃんの人形の大好きなS子ちゃん、〝ウフフ〟の笑顔を忘れずに元気に頑張ってください」

と、重い障害の一人ひとりの子どものわずかな成長を読み上げる保母さんも、お母さんも、涙でいっぱいになってしまいます。その喜びあう涙は、到底お金で買うことのできない尊いものです。

この子どもたちのもっている成長の芽を発見し、それがのびるように守り育てるためには、親や職員のやさしい心、暖かい心がなくてはありえないのです。また、たゆまぬ辛抱強い精神も大切です。

こうして私たちは、障害児にかかわりながら、次第に自分自身が育てられ、「生きることの尊さ」「人の情のありがたさ」「人生の幸せは形でなく心である」ことを知るようになるのです。なんの邪気もないこの子どもたちは、私たちに人間の生きる道を教え、人づくりに貢献しているのではないでしょうか。故糸賀一雄先生が「この子らを世の光に」と残されたお言葉が、いまさらながら思い出されます。

ともあれ、もし私がヒサ坊より先に死ぬようなことがあっても、彼の生きる場が与えられているということはありがたいことです。かつては、「どうぞ、私より一時間でも先に、この子に死をお与えください」と願う親や、「死ぬときはこの子といっしょ……」と眠り薬を買い込んでいる親も多かったことを思い起こしますと、重症児たちもようやく一人の人間としてみとめられ、「生きる権利」が与えられるようになったのだなと、感謝の気持ちがあふれてきます。

重症児たちの生命は、親たちの力だけで守り切ることはできません。多くの方々のお力が必要です。子どもたちがどんなにか、先生方や職員の方たち、そして社会のみなさんに感謝していることでしょう。重症児にかかわってくださる方々が、この子どもたちの生きる姿のなかから、真の幸せを得て、充実した人生を送ってくださることを祈らずにはいられません。

※

最近、施設の先生に「重症児の親御さんたちは、みなさんよくがんばっておられますが、なかにはいろいろな方がいます。〝うちの子は社会の子です。職員が世話をするのが当たり前でしょう〟などという親もいるのですよ」と聞かされたときには、私は血の気のひくような悲しみにおそわれました。たった一人のこうした親のために、すべての親が同じようにみられてしまいます。私たちの二〇年にわたる運動も、根本からくつがえってしまいます。いいえ、それは重症児の生命を危うくしてしまうのです、と私は叫びたくなります。

※

故市川房枝先生が長い間婦選運動をつづけられ、逝くなるまで、「権利の上に眠るな」といいつづけられたことを、私たちは忘れてはならないと思います。

私たち守る会は、昭和五六年の国際障害者年にあたり、「親の憲章」を作成し、全国大会で採択しました。それは次のようなものです。

親の憲章（親の心得）

（生き方）

一、重症児をはじめ、弱い人びとをみんなで守りましょう。

一、限りなき愛をもちつづけ、ともに生きましょう。

一、障害のある子どもをかくすことなく、わずかな成長をもよろこび、親自身の心をみがき、健康で豊かな明るい人生をおくりましょう。

（親のつとめ）

一、親が健康で若いときは、子どもとともに障害を克服し、親子の愛のきずなを深めましょう。

一、わが子の心配だけでなく、病弱や老齢になった親には暖かい思いやりをもち、励まし合う親となりましょう。

一、この子の兄弟姉妹には、親がこの子のいのちを尊しとして育てた生き方を誇りとして生きるようにしましょう。

(施設や地域社会とのつながり)

一、施設は子どもの人生を豊かにするために存在するものです。施設の職員や地域社会の人々とは、互いに立場を尊重し手をとり合って子どもを守りましょう。

一、もの言えぬ子どもに代わって、正しい意見の言える親になりましょう。

(親の運動)

一、親もボランティア精神を忘れず、子どもに代わって奉仕する心と行動を起こしましょう。そして、だれでも住みよい社会を作るよう努力しましょう。

一、親の運動に積極的に参加しましょう。親の運動は主義や党派に左右されず、純粋に子どもの生命の尊さを守っていきましょう。

※

現在、日本の経済は低迷し、国の財政もきびしくなってきました。豊かさのなかに過ごした人の心も、金や物に価値を見出し、相手を傷つけてでも自分だけが自由にふるまってゆくような世相になってきたようにも思われます。私は、守る会が歩んできた二〇年の歴史を思い出し、再び重症児の生きる価値を問われる時代になってきたのではないかと不安でなりません。

安楽死問題もいわれるようになりました。たしかに病人がきびしい状態になったとき、「いっそ天国にいったほうが楽になるのではないだろうか」と思うのは誰しも同じだと思います。しかし私は、夫があのきびしい闘病生活のなかでも常に生にむかっていたことを思い出します。病状がだいぶ進んだある日、マッサージの先生に「家に訓練用の固定された自転車が置いてあるのですが、病院でどなたか使ってくださる方がありますでしょうか」とたずねたとき、夫は目をかがやかせて首をふったのです。私は「あぁ、自分で訓練してがんばるのね」といいますと、「ウン」とほほえみました。

人間は、自分の生命があとわずかかもしれないと思うとき、決して死を選ばないのではないでしょうか。きびしい姿で生きている重症児や病人に安楽死を願う心は、あくまでも第三者のものであって、本人がそれをのぞんでいるとは思われないのです。こう語っている私自身、現在は比較的健康でおりますが、もし夫のような状態になったら、どうぞできる限り早くやすらかにしてくださいと願っています。しかし、いよいよ自分の死が間近くなったときには、もう一日生きたいと願うかもしれません。人間の生命はそれほど複雑で重く、健康な人間の理解では計り知ることが困難であると強調したいのです。

これから社会情勢はますますきびしい方向にむかい、弱いものに対するしわよせが強まってくるのではないかと思われます。改めて、社会の方々と手をとりあって、〝生きる〟意味を深め、〝生命尊厳〟の理念をしっかりと確立してゆくことが、守る会の大切な役割だと思っています。

障害児をかかえた親は常に、生と死をみつめ、ゆれ動きながら生きています。こうしたときに、社会の方々にやさしく励まされると勇気が湧いてきます。反面、冷たい差別をうける言葉がかえってくると、くずれるように思いつめてしまうのです。親たちは、お互いの心をみつめあい、悲しいときはともに泣き、うれしいときにはともに喜びあってゆきたいと願っています。そして、この子どもたちから教えられた暖かい心、思いやりの心を社会によびかけ、この〝心の輪〟をひろげてゆきたいと思います。

私たちもやがてはこの世から去ってゆきます。それを迎えたとき、「たしかに、愛し果たすことができました。私の人生は充実していました」といいきれるようになりたいと思います。この子どもたちに教えられながらみなさま方と手をたずさえて、この道を精いっぱい生きてゆきたいと願っています。

（後略）……

Column

北浦雅子語録④　親の憲章

国際障害者年（一九八一年）の頃になると、施策が充実し障害児を抱える親たちも幸せになってきて、みんなが勝手なことを言うようになり、行政から批判も受けました。そこで二〇人くらいの親たちと、「親はどう生きるべきか、親の務めとはなにか、施設や社会とのつながりをどうしたらいいのか」という「親の憲章」をつくりました。守る会は、三原則と親の憲章を守りながら、みんなで団結して運動をしております。ですから、親である私たちが重症心身障害児に本当に心からの深い愛をかけて、重症児一人ひとりの可能性を引き出して、あの子たちが笑顔で過ごせるような、親もともに生きる運動を今後も続けていきたいと思います。

人間の勝利

『この子たちは生きている』（前掲）の巻頭言を、ＮＨＫのテレビドラマ「典子は、いま」を制作された映画監督の松山善三《まつやまぜんぞう》さんが「人間の勝利」というタイトルで書いている。その内容は――、

「いろんな人がこの映画を批判する。ある外科医からは『典子さんの天才的な素質にはびっくりするが、この映画は、その障害と闘う姿を自分の勇気と努力のみに課して、科学技術、医療機器の進歩に触れていない……。障害福祉の理想は、技術の進歩を借りて障害者が自立することではないのか』と。また、ある文学者はこう言った。『この映画は障害者にかかわりすぎる。障害者はひっそりと日陰に置くべきだ』」と。

それに対して、松山さんは、

「生きることは尊いことかどうか、僕は知らない。けれども、人間は生きてある限り、他者を愛し、他者を思いやり、他者を勇気づけて、共に生きなければならないと思っている。重度の障害者は、自分の手で、直接社会にかかわることなく無為に過ごすかのように見えるが、そうではない。彼ら彼女らは、存在するだけで、多くの親を走らせ、他者を動かし、人間のあるべき姿、なすべき行為を促す。明日への道標だといっても良い。この書の発刊が、それを見事に実証している。

足で運転できる車の発明は『科学の勝利』には違いないが『人間の勝利』とは言えないだろう。『人間の勝利』は、地縁血縁を問わず、すべての人々が、その痛みを分け合って生きることだと思う。熊本在住の典子さんが、福岡へ遊びに行きたいと言ったら、誰かが、彼女の不便を助け、同行してやることだ。それが、確かな『人間の勝利』だと僕は思う」

と述べている。

守る会では、著名人＝女優の黒柳徹子《くろやなぎてつこ》氏、指揮者の尾高忠明《おだかただあき》氏、作家の柳田邦男《やなぎだくにお》氏・遠藤周作《えんどうしゅうさく》氏・曽野綾子《そのあやこ》氏、医師の日野原重明《ひのはらしげあき》氏らと、重症児をはじめとする弱い立場の人々のいのち、生きがい・自立などをテーマに対談した出版物『いのちを問う』（一九九三年、中央法規出版）や記念のコンサートをとおして、会員同士の理解を深めるとともに共感の輪を広めることに努めてきた。

また、結成二五周年にあたっては、社会への謝意を込めて、著者が運営する園・みさかえの園に入所し一三歳で亡くなられた脳性まひの井手《いで》和也《かずや》君の詩——、

桜はきれいだ／だけど／すぐ散ってしまう／桜のいのちは

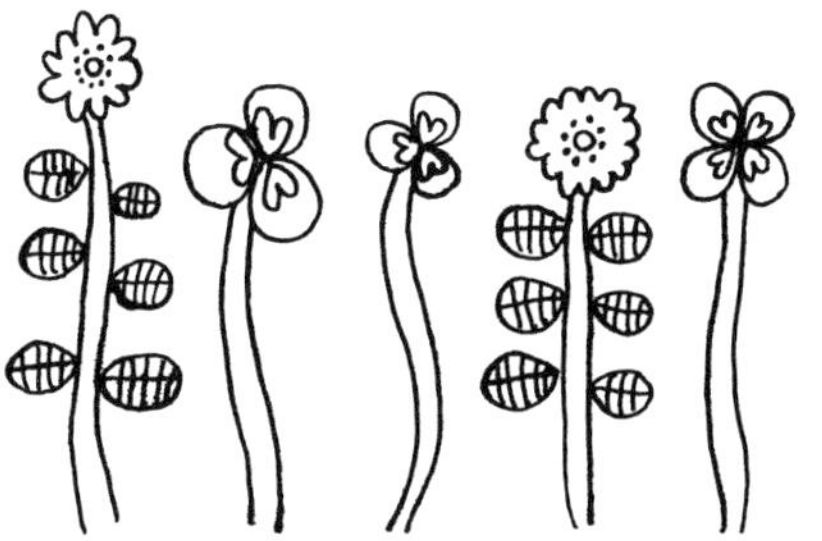

短い／だけど／風にいたずらされても／悪口をいわないで／桜はじっと／咲いている に、広島で被爆し常々命の大切さを説いておられる平山郁夫《ひらやまいくお》画伯の絵「長谷寺五重塔」の使用許可を得て、塔をうずめる桜の匂い立つようなテレホンカードを作成し、関係者に配布した。

Column

北浦雅子語録⑤　「守る会」のメリット

「守る会に入ったらなんのメリットがあるの？」とよく聞かれます。守る会の会費は、当初二五〇円（月額）でしたが、会費を上げるたびに「それでなんのメリットがあるんだ？」といろいろ言われました。

今（発言当時）は月額五五〇円ですが、その金額そのものが問題ではなく、「五五〇円で重症児の親たちはみんな団結していますよ！」ということがパワーになるわけです。そのパワーに社会の方々が共感し、広がっていくのです。ですから、「なんのメリットがあるのか？」という質問くらい悲しいことはありません。それは、「重症児にお金をかけて何のメリットがあるのか」ということにつながってしまうわけです。

第三部

この子らを世の光に

ここで、北浦雅子をはじめとする全国重症心身障害児（者）を守る会の運動によって施策へと結びついた事例を、「両親の集い」や「五〇年のあゆみ」をもとにいくつか挙げてみたい。

緊急一時保護制度

一九七六（昭和五一）年当時、重症児に対する在宅施策は何もなかった。そのため、重症児者を抱えた家庭では、親の急な病気や冠婚葬祭などがあっても、子どもを家に置いていくことができず、出かけることさえままならない状態であった。そこで、「緊急一時的に重症児者を預けることができる制度を！」と親たちは訴えた。

この年、田中正巳厚生大臣が、守る会の第一三回全国大会（京都市）に出席してくださった。そこで親たちの体験談を聞いて、「この制度を何とか予算化したい」と祝辞のなかで約束してくれたのである。こうした尽力もあってできた緊急一時保護制度は、短期入所事業として今日では欠かすことのできない在宅支援の柱となっている。

重症児通園事業の法制化

一九七九（昭和五四）年、どんなに重い障がいがあっても教育を受けられる「養護学校義務制」が実施されるようになったのは、たしかに朗報であった。だが、卒業後は再び在宅での生活に戻る。このことで、子どもたちの成長は停滞あるいは後退を余儀なくされていた。それを危惧した守る会・あけぼの学園卒園生の親たちは、バザーなどで資金を蓄《たくわ》え、養護学校卒業後の通園の場の確保を世田谷区などに働きかけてきた。

そうしたなか、一〇年におよぶ運動が実を結び、一九八八（昭和六三）年、重症児センターに隣接して、全国初の重度・重複障害者のための通所施設「世田谷区立三宿つくしんぼホーム」が完成。親たちの願いを受け、雅子はその運営を守る会で受託することにした。このような親たちの動きは、横浜市・神戸市・千葉市など各地ですでに始まっており、全国に広がりつつあった。

翌年、あけぼの学園が東京都から重症心身障害児通所施設として認可された。その後、重症児通園事業は、在宅医療の進歩などを起因とする在宅志向の高まりから、一九九〇（平成二）年に重症児施設に併設されたA型通園が全国五か所で、一九九三（平成五）年には小規模型のB型通園がモデル事業として実施されたことなどを経て国の補助事業となり、二〇一二（平成二四）年、ようやく法律に基づく事業となった。

養護学校における医療的ケア

この間、あけぼの学園に通う子どもたちは年々重度・重複化し、人工呼吸器などの濃厚な医療を必要とする子どもが増加した。また、養護学校通学児の医療的ケアも大きな問題となってきた。

そうした状況下、「医療と教育研究会」の飯野《いいの》順子《じゅんこ》氏（現・特定非営利活動法人地域ケアさぽーと研究所理事長）をはじめとする教育関係者や医療関係者、親たちの強い要請により、守る会は、厚生労働省と文部科学省の橋渡し役として関係者とともに両省に働きかけ、養護学校における医療的ケアを合法的に実施できるよう、看護師の配置や教員による痰の吸引等の実現に尽力した。

利用料の軽減

障害者自立支援法（現・障害者総合支援法）が二〇〇六（平成一八）年に施行されたが、その検討段階で、ホテルコストという概念が導入され、高額な利用料について障がいのある人本人が負担すべきだということになった。重症児センターにも厚生労働省から担当者が説明に来られたが、その中身は非常に高額であり、重症児者とその家族にはとうてい払いきれるものではなかった。

守る会では、「親として払うべきものは払いましょう。ただ、せめて年金の範囲内にしていただきたい」と、何度も厚生労働省と話しあい、理解してもらえるよう説得した。その繰り返しの要望が、利用料の軽減につながった。

重症児施設の運営・管理

こうした守る会の運動の実績と地域の親たちの要請により、一九九二（平成四）年に重症児施設「東京都立東大和療育センター」（東大和市）の運営を東京都から受託・開所、四年後にはその分園となる「よつぎ療育園」（葛飾区）を、併せて同年、重症児に特化した訪問看護事業「西部訪問看護事業部」（多摩地区）の運営を、これも東京都から受託した。

一九九七（平成九）年には、耐震化を図るため重症児センターを改築・竣工、二〇〇一（平成一三）年に国立療養所足利病院の経営移譲を受け「保健医療・福祉施設あしかがの森」（栃木県足利市）として足利病院を開所し、二〇〇五（平成一七）年には超重症児・準超重症児に特化した「東京都立東部療育センター」（江東区）の運営を開始。開所式では、石原慎太郎《いしはらしんたろう》東京都知事（当時）が、「このセンターは、生命に対する日本人の価値観・感性を象徴する存在であり、人類の将来にとって誇るべきモニュメントである」と挨拶され、雅子ら守る会の親たちは感無量であった。

その後も「中野区立療育センターアポロ園」「中野区子ども発達センターたんぽぽ」（ともに中野区）、「品川区重症心身障害者通所事業所ピッコロ」（品川区）の運営を受託するなど、社会福祉法人として次々と事業を展開していった。

署名活動、一二万筆を超える

一九九八（平成一〇）年に福祉関係八法の改正を柱とする社会福祉基礎構造改革が進められることになった。これを受け、雅子は二〇〇二（平成一四）年、内閣府「新しい障害者基本計画に関する懇談会」委員となった。その後、障害児者に対する保健・医療・福祉制度は改革という名のもとに目まぐるしく変革されていった。雅子ら守る会は、その都度、重症児者の幸せを守るという観点で意見を述べ、要望の実現に努めてきた。

二〇〇九（平成二一）年には民主党政権が誕生。翌年開かれた内閣府「障がい者制度改革推進会議　総合福祉部会」に、雅子は委員として参画した。しかし、各団体から五〇名を超える委員が参加したこの会議は、混迷を極めた。なかでも、「入所施設は人権侵害であり、重症児者も地域移行させるべきだ」という意見が大勢を占めていたのである。雅子は、「重症児者のいのちを守るためには、入所施設が必要不可欠である」と主張し、すぐさま守る会の委員会に諮《はか》った。時をおかず「私たち親の願いを署名とともに内閣府に届けよう」との決議がなされ、署名活動が開始された。全国から続々と届いた署名の数は一二万筆を超え、ＮＨＫのニュースで取り上げられるほどであった。この署名簿を内閣府に持参し、入所施設の必要性をあらためて訴え、理解を得ることに努めた。

両陛下ご臨席の五〇周年

二〇一四（平成二六）年六月九日、「全国重症心身障害児（者）を守る会」の創立五〇周年記念大会が、東京・品川のグランドプリンスホテル新高輪国際館パミールにて、天皇・皇后両陛下ご臨席のもと盛大に開催された。雅子は、緊張した面持ちで挨拶をした。

「戦後の混乱が一段落した昭和三〇年代の後半――、『社会の役に立たない者に国のお金は使えません』という世相のなかで、私たちは『社会で一番弱い者を切り捨てれば、その次に弱い者が切り捨てられ、社会全体の幸せにつながらないのではないですか』と訴え、守る会を結成しました。今日、このように重症児者が一人の人間として認められ、医療・福祉・教育が三位一体となったあたたかい療育が行われて、笑顔で豊かな生活ができるようになったことを思うと感無量です」

五〇年の道のりを駆け抜け、凛《りん》として話す九三歳の雅子の姿は、昔と変わらぬ重い障がいのあるヒサ坊の母、そのままであった。

Column

北浦雅子語録⑥ 脳波が証明

重症児を抱えるあるお母様が、「うちの子はなにもわからない、わからない……」とあんまり言いますので、お医者様が脳波をとってあげたのです。そしたら、お母様が「〇〇ちゃん」と声をかけるときだけ、脳波がピッピッと反応したんですね。それを見て、お母様は、「この子には聞こえているんだわ！　私のことがわかっているんですね」ってびっくりして……。それから、声かけをし身体をさすり手を握って愛情を込めていたら、ある日にっこり笑うようになったんです。だから、何もわかっていないと思うこちらのほうがわかっていないということなんですよね。

可能性をのばす

二四歳で施設に入所した尚は、その後も目覚ましい成長を遂げた。

驚いたことに、生活のすべてに介護・介助が必要だったヒサ坊が、四〇歳で寝返りを打てるようになり、左手だけが使えるのを生かして五〇歳にして絵を描くようになった。

四八歳のとき、左手を使いおもちゃで遊んでいる彼の指の動きを見て、ある職員が画用紙を置いてうつぶせにし、左手に絵筆をもたせてみた。横にスーっと描いたり、手首のスナップを利かせてトントンと叩いたり――、スクリブルといわれるその絵は、生命力にあふれ観るものを圧倒した。二〇歳までの命といわれた彼が四八歳にして絵を描いたことに、「これが生きるということか」と雅子は感動した。その絵に「生きる」という題をつけ、生きる証の一つとしてテレホンカードにし知人に配った。

その後、いくつか作品が完成し、ささやかな個展を開くことにしたところ、ＮＨＫの「おはよう日本」で取り上げられることになった。早速、取材班が訪れ、いつものようにプレイルームに絵の準備をしたが、彼は取材に来られた方々の顔をジーっと見ると、左手を背中に回して「お断り」のサインをしてしまう。普通ならＮＨＫに出演すると言えば大喜びで一生懸命描くのに……。雅子はびっくりして、あわててディレクターに謝った。後日、カメラマンだけがきて、彼が描いているところをそっと撮影してくれた。その様子が放映されると、ヒサ坊の個展には、一般の方も遠くから大勢訪れ、すばらしい感想文をたくさんいただいた。

このことによって、雅子は、どんなに障がいが重くても一人ひとりが可能性を持っていること、その可能性を引き出し、伸ばしていくことがどんなに大切かということを教えられた。また、社会のなかで弱い人々が送っているささやかなサインに気づくためには、私たちの思いやり、やさしさ、素直な心が大切であり、それがなければ見つけることができないということをあらためて実感した。

「発達保障論」を提唱された糸賀一雄氏は、この子らは横軸に伸びる個性をもっている――通常、人は縦軸に発達するが、重い障害をもった子どもたちは長い時間をかけて横軸の中にこそ発達の広がりがある（第四部で詳述）――とおっしゃったが、その考えが深く理解できる出来事であった。

この子らを世の光に

あけぼの学園には、毎年二〇〇名近い小・中・高校生が訪問し、重症児と接している。あるとき、引率された先生から、「あけぼの学園の通所者の皆さんは、生徒を感動させ変容させる力では、私の百万の言葉より大きな力をもっている」というお手紙をいただいた。この手紙を、雅子は大変嬉しく思った。

　また、ある小学六年生の女の子からは、「障がいをもった人もがんばって生きているのに人を殺してしまったり、自分でいのちを絶ってしまうなんて考えられません。もし私がこの先つらいことがあって死にたくなったら、一生けんめい生きているあけぼの学園のみなさんを思い出して精一杯がんばろうと思います。周りの人たちにもいのちの大切さを伝えていけるような大人になりたいです」という感想文をいただいた。これこそがまさに糸賀先生がおっしゃった「この子らを世の光に」ということなのだ、と雅子は胸が熱くなった。

Column

北浦雅子語録⑦

「あけぼの学園」に生徒を引率された先生のお話

私は、特別講師として、ある都立高校で社会福祉に関する講座を受けもって一〇年になります。毎年、講座の冒頭にあけぼの学園を見学させていただいています。それは、重い障がいを背負いながら明日に向かって健気に生活している通所者の姿を目の当たりにすることで、受講生徒に「生きることの大切さ」を体感させ、「社会福祉の原点」とでもいうべきものに気づかせたいと思うからです。

見学を終えると、生徒たちは一様に、「何もわかってないと思っていた通所者が、実は相手の言動や感情を確実に理解していることに驚いた」「通所者は皆素晴らしい感性を持っている」「人生観が変わった」などと言います。ですから、通所者の皆さんは、生徒を感動させ、変容させる力では、私の百万言より大きな力を持っているのだと思っています。

子どもたちが懸命に生きる姿、発するメッセージを一人でも多くの方に伝え、やさしさ、思いやりのある社会にしたい――、それが雅子の願いである。

第四部

なぜ、日本で重症児が守られるようになったのか

四人の先達者

その歴史をたどれば、敗戦後、日本に平和が訪れたことによって初めて、障がいのある子どもへの支援が広がっていったように思える。そこで、そうした理解が世の中に広まるときに、特筆すべき功績を残した四人の先達者《せんだつしゃ》について述べてみたい。

それはまったく関連のない世界で生きる四人が、運命的な糸に導かれていったことに端を発する。一人ひとり、それぞれの領域で活躍していた四人が、結果的に一つの大きな流れとなり、重い障がいのある子どもへの日本独自の支援体制が確立されていった。

その四人は、滋賀県と東京都、そして福岡県という遠く離れた町で暮らしていた。滋賀では宗教哲学を学び滋賀県職員となった糸賀《いとが》一雄《かずお》氏、東京では慶応大学病院小児科に勤務する戦地から生還した小林提樹《こばやしていじゅ》氏、関東大震災で被災され社会事業家のウィリアム・アキスリング宣教師に助けられて福祉活動の道に入った草野熊吉《くさのくまきち》氏、そして福岡において戦後の混乱のなか重い障がいのある子どもを授かった母親、北浦雅子である。

糸賀一雄の歩んだ道

まず、糸賀一雄は、旧制松江高等学校在学中に、当時は死をも覚悟しないといけないと言われていた結核に罹《かか》り、厳しい社会状況のなかでキリスト教に出会って洗礼を受けた。それまでは医学の道に進むつもりでいた糸賀だが、宗教思想に興味を抱き始め、京都大学では医学ではなく宗教哲学を学ぶことを決心する。その後、思想と実践のなかでまったく新しい視点で障がい福祉についての考えを確立し、「この子らを世の光に」という思想にたどり着く。この思想は、現代の福祉社会を支える大切な理念として受け継がれ、糸賀は「障がい福祉の父」と呼ばれている。

当時は、「そんなに障がいが重ければ、生きていないほうが幸せではないか」「社会のために役に立つこともできず、社会復帰の困難な子どもたちを、なぜ社会が守らなければならないのか」と、障がいのある子どもの存在を否定するような意見があちこちで聞かれていた。しかし、糸賀はまったく反対の発想であった。障がいのある子どもの存在こそが社会のなかでは大切であり、この子らを大事にすることで世の中に光を与えてくれるということを提唱した。

この発想は、糸賀が近江学園で障がいのある子どもや孤児たちと一緒に暮らす実践のなかで生まれた。また、さらに重い障がいのある子どもへの支援には医療が必要だと認識して、福祉のなかに医療を組み込んだ「びわこ学園」の開設へと動き始めた。

「かけがえのない個性」と「療育・教育」

一九四六（昭和二一）年、日本国憲法が公布され、翌年に児童福祉法が制定されて初めて、法律で児童の権利と人権の尊重が認められた。しかし、現実は厳しかった。糸賀の著作をまとめ最近刊行された『福祉の道行』（二〇一三年、中川書店）から、戦後当時の子どもたちの状況がいかに大変であったかが想像できる。

終戦直後は、想像を絶する社会状態で混沌と虚脱が支配していた。街には、焼け出され父母を失った子どもたちが、住む家もなくその日に食べるパンを手に入れるのも苦労していた。焼け残った寺院や施設が改造されたり、急ごしらえのバラックが建てられたりして、浮浪児の収容施設も続々と建設された。それでも、増え続ける浮浪児たちに対する施設の数は全然足りなかった。それどころか、満州や支那から引き揚げてきた孤児たちが、続々と内地に送りこまれてきた。緊急保護の名のもとで、ガサガサと狩り込まれる一時保護所や収容施設は、ひとたび浮浪の味を知った子どもにとって安住の家となることは難しく、子どもたちは脱走、狩り込み、収容、そしてまた脱走を繰り返していた。

　そうした状況下、糸賀らは、原因が孤児であれ家出であれ、浮浪して生活困窮の泥沼のなかに沈没している子どもたちや知的な障がいのゆえに捨てられた子どもたちを捜し出してでも、今は隠されている彼らのなかの個性の輝きを引き出したいと考えた。そして、生活と教育の相即《そうそく》する子どもの愛の殿堂を建設するために、同志とともに立ち上がった。

　一九四六（昭和二一）年、戦後の混乱のなかで放り出された戦災孤児や知的障害児のために、何よりも温かく楽しい家庭と療育のできる養護施設兼知的障害児施設として「近江学園」を拓き、その施設の園長として糸賀は障害児教育に情熱を注ぎ始める。近江学園は、戦災孤児・生活困窮児六〇名、知的障害児五〇名でスタートし、普通の子どもと知的障害のある子どもが共同生活をしながら教育を受けることになる。このとき、糸賀が近江学園の職員に掲げたモットーの三条件は「四六時中勤務、耐乏の生活、不断の研究」であった。

　また、糸賀は、自分の家族とともに、近江学園で彼らと共同生活を始めた。そのなかで、教育的にはむしろこの姿が本質的形態であるということを確信するに至る。そして、障がい児らを世の中の光とした社会こそが大切であるという「この子らを世の光に」を、実践のなかから見出して社会に広めていくのである。

さらに、施設においても重度の障がいのある子どもたちは医療の支援がないと命が守られないことが明確化され、小児科医である岡崎英彦《おかざきひでひこ》らの協力を得て、苦難の末に一九六三（昭和三八）年、病院兼福祉施設である「びわこ学園」の開設にこぎつけた。

――一九六六（昭和四一）年一〇月、守る会は「この子らを世の光に」と題して、糸賀を「両親の集い」で紹介している。その内容は、障がい児と生活をともにし、実践のなかで悩み苦しみながら到達した究極の「福祉の本質、原点」を説いているように感じる。

「子どもが這えば立て、立てば歩めと家族やスタッフが期待するなかで、どうしても発達が期待できない重度の障がいのある子どもたちと出会う。思い悩んでいるうちに、そうした発達は縦軸の発達ととらえ、横軸の広がりもあることに気づいた。そして、この横軸の広がりこそが発達の中身であり、『かけがえのない個性』であることに気づいた」と糸賀は語っている。「こうしたかけがえのない個性は、一歳なら一歳のなかに、個性的にぐんぐんと豊かに広がっていく。その豊かさを形成していくことが『療育』である。療育とは、あらゆる発達段階のなかに、その子どもがかけがえのない個性を持つことを形成していくプロセスであり、『育というものは、育てるのではなく自ら育つこと』が重要である」と述べている。

また、「社会福祉のなかで使われる『保護』という言葉には、『教育』の意味が含まれている。子どもたちにおいしいものを食べさせ、毎日お風呂に入れる……。でも、どんなに手厚いことをしてあげても、その子どもの伸びようとする芽を摘みとってしまうような教育は教育ではない」と厳しく説いている。

「大切なことは、その子どもが自前で立ち上がろうとしていることを発見することで、これこそが本当の教育ではないか――」

糸賀の考えは、子どもたちにその障がいといのちの限り戦わせ、障がいを克服させることが教育であり、そのためにその子どもがどういう発達段階にあるのかを見きわめることを専門家に求めている。「両親の集い」に書かれた、たった八頁の内容の深さに圧倒された。そこから読みとれることは、横軸に広がっていく子どもたちの個性の広がりが私たちに生命を感じさせ、私たちが堕落《だらく》していく生き方に歯止めをかける光を放っていると説いていることである。

そして糸賀は、一九六八（昭和四三）年、五四歳のときに「この子らを世の光に」と「この子らに世の光を」の違いについて、『この子らに』ではなく『この子らを』……」と述べた講演の途中で倒れ、翌日、旅立たれる。旅立つ直前まで伝えようとした糸賀一雄の「この子らを世の光に」は、普遍的なメッセージとなった。

小林提樹がたどった道のり

一方、小林提樹は、多くの仲間たちが戦場で命を落としていくなか、奇跡的に生還することができた。そして、生かされた命を考えたときに、すぐに障がいのある子どものために残された命をそそぐことを決断する。小林は、慶応大学病院の小児科を退職して、日赤産院小児科に移り、障害児医療に本格的に取り組み始める。

「丁寧に」をモットーに、時間をかけて正確な診断を行ったうえで、病気について詳しく説明し、将来にわたって通常の発達が望めないという絶望的な告知も正直に行っていた。そのなかでは、詳しく病気について説明したはずなのに再び外来を訪れ、小林の前で泣き崩れ悲しむ母親とも出会う。そうした悲しみにふれ、母親の涙をぬぐうのはいったい何であろうかと悩み、この母親や家族を救うことは医療だけではできないと気づいて、医療に加えて福祉の視点で家族を支え始める。

小林は、自伝のなかで「人生（あるいは人道）は、福祉とみつけたり、と言いたい」と述べている。まさに福祉にかける情熱がうかがえる。また、「この子は、私である。あの子も私である。どんなに障害が重くとも、みんな、その福祉を堅く守ってあげなければと、深く心に誓う」という言葉を座右の銘としていた。

悲しむものとともに悲しみ、喜ぶものとともに喜ぶ

……一九四七（昭和二二）年ころから捨て子がふえ、その中には当然ながら障害児が多かった。病室に引き取って育てていたが、一九四八（昭和二三）年に児童福祉法が施行されたので、直ちに日赤産院に乳児院を創設し、乳児年齢のものはそちらに移した。日赤産院では、重症児を抱え家庭崩壊の危機にあるときは、小児科病棟や乳児院に入院してもらい家族や子どもたちを支援していた。しかし、乳児院は、年齢に期限があり、年齢超過児は許されなかった。また、小児科病棟の障害児の入院は、健康保険の問題で障害児が入院に適するかどうかの指導を受け、重複障害の場合は強制退院を余儀なくされていた。……（『愛はすべてをおおう』、二〇〇三年、日本心身障害児協会島田療育センター編集、中央法規出版より抜粋）

そうしたなか、小林提樹は、当局に対して「万一、この家族が障がい児殺し、あるいは一家心中したら、当然、当局の皆さんに責任をとってもらいます」と怒りをぶつけていた。重症児を救う制度がない厳しい社会状況のなかで、小林は真正面から重症心身障害児対策に取り組んでいた。

そして――、告知された母親や家族を救うため、小林は動き出した。一九五五（昭

和三〇）年、障がいのある子どもの両親や家族を対象に、月例の「日赤両親の集い」を始めた。この集いは、第一回目に一五名が集まり、翌年には教育・福祉関係者も参加して二〇〇名の規模に達している。この頃、雅子は小林から次男の治療を受けるようになり、二人の交流が始まった。「日赤両親の集い」は、出席できなかった親たちのためにと小林が会誌を発行したことに端を発する。一九五七（昭和三二）年には「両親の集い」と名称を変更、今日の全国重症心身障害児（者）を守る会の機関誌となるに至っている。

また、一九六一（昭和三六）年には、島田伊三郎夫妻をはじめ障害児の家族や賛同する多くの人々とともに、苦労の末、「島田療育園」の建設にこぎつけ、病院兼収容施設という二重性格をもった新しい施設を日本で最初につくった。現在、重症心身障害児者施設があるのは、まさに小林の超人的な貢献によるところが大きいと思われる。

さらに、園の外の子どもたちが福祉から守られていないと考えたことから、一九六四（昭和三九）年、在宅重症児の巡回療育相談を始める。現在の障害児対策の基礎が、小林の実践により確立されてきたことが推測される。ただただ驚くばかりである。

では、なぜ小林がこのような道を歩んだのか。まず、学生時代に結核に罹患《りかん》したことが障害児医療の道に進む大きな一歩のように思われる。同じ病気で同級生が何人も亡くなり、小林自身も自分の死を覚悟せざるをえない状況に追い込まれるなか、キリスト教と出会って闘病のなか洗礼を受けた。結核を乗り越えた後、キリスト教青年会（ＹＭＣＡ）の活動で子どもたちとふれあうことの楽しさを覚え、将来、小児科を目指すきっかけとなったようである。

一九三九（昭和一四）年、小児科医としての大きな試練が小林に訪れる。初めてのわが子を生後わずか三六日目に化膿性髄膜炎《かのうせいずいまくえん》で亡くすのである。子どもの治療がこれ以上無理だとわかったとき、最後は家に連れて帰り親子三人だけで過ごすことを決める。このときの最後の一週間を、「運命の神に委ねたとはいえ、胸のつぶれる思いをもって、消えて行くわが子の命を見つめていた……。それは、私の、いや私たち夫婦の人生における最大の苦痛であり……」と小林は語っている。その苦しみは、小林にとって堪えがたい試練であったと想像できる。そして、「それを通して得た私たちの障がい児への思いは、客観的立場から彼らへの同一化へと飛躍した」と述べている。わが子を看取るなかで、障がいのある子どもに対する卓越した世界を切り拓く原動力を得ていたのではないか。

小林は、病める人の心、医療的に克服できない子どもの受容、親の心の痛みを自分自身で体験して、運命づけられたように障がいのある子どもの世界に導かれたように思う。さまざまな悩みを抱える障がいのある子どもや家族との出会いから、自然に福祉の道を一歩一歩あゆんでいったように想像される。そして、ふと振り返ってみると、そこには障がいのある子どもの心、家族の心を大切にする「真っ直ぐな福祉の道」が切り拓かれていたのではないか。

晩年の講演会のなかで、小林は、「障がいのある子どもとその家族を支援していくなかで自分の一貫した生き方、姿勢は『悲しむものとともに悲しみ、喜ぶものとともに喜ぶ』であった」と語っておられた。

――この生き方に深い感銘を受けた。

草野熊吉が選んだ仕事

草野熊吉は、七歳と一七歳のとき足にケガをした。なかでも二度目は大きなケガだったので障がいが残り、松葉杖を使うことになった。一七歳のとき、東京に行けば治るかもしれないと期待して、東京の病院で治療を受けているさなか――、足をビア樽のように固定をされて一人では動けないときに、関東大震災で被災した。逃げることができない草野を救出してくれたのが、アキスリング宣教師であった。救出後も、アキスリング氏のご家庭でお世話になり、これをきっかけに宣教師のもとで社会福祉の活動を始めることになる。

最初は、関東大震災被災者への救援物資配給を手伝い、その後、ハンセン病患者の施設での奉仕活動などを行っていた。また、日本で第一号となった小学校の特殊教育の代用教員や保育所や母子ホーム、授産所の仕事も行っていた。

終戦後は、家庭裁判所の調停委員に任命されたが、実務にあたってみると、家庭問題として離婚が多いことに驚いた。そのなかでも、障がい児の存在が離婚の原因となると、その程度が重度であればあるほど問題解決の糸口がなく、むなしく不幸な結果に終わることをたびたび見て胸を痛めていた。

障がいのある子どもたちが安心して暮らせる施設

ある日、家庭裁判所に相談に訪れた障がいのある子どもを抱えた母親の帰るときの様子が気になり、担当判事だった森田《もりた》と二人であとを追いかけた。しばらくすると、親子は皇居前の堀に身投げしていた。幸いにも、進駐軍に助けられて二人ともいのちには別状なかったが、子どもの行き場が見つからない。草野は、妻を説得して、子どもを自分たちで預かって世話することを決心する。

その後、森田判事から、「あのケースも同じなんだ。子どもを預かるのは一人も二人も同じだろう。もう一人、預かってくれないか」と頼まれ、厳しい生活のなかでも妻の理解を得ながら、二人目、三人目と世話をすることになっていった。そして、そうした世話をするなかで、「障がいのある子どもたちが安心して暮らせる施設が必要だ」と草野は思い始めた。

草野自身も、自らが障がいをもつ者として、まったく無力な子どもたちが社会のあらゆる制度から締め出された存在であるという矛盾に強い義憤《ぎふん》を感じていた。そのため、何か社会福祉的なアプローチができないかと考え、一九五八（昭和三三）年、友人から古い建物を借りて、重複障害児の昼夜保育所という形で施設の開設を計画した。だが、開設の話を進める過程で、児童福祉法三四条に抵触《ていしょく》するという理由から許可が得られなかった。それでも、診療所または病床二一床以上の病院という形態をとることで開設が可能であることがわかり、奔走を続けて医師の協力を得ることができた。そして、一九五九（昭和三四）年、ついに二一名定員の病院として「秋津療育園」の開園にこぎつけた。その後、いくつもの苦難を乗り越えた五年後の一九六四（昭和三九）年になって、ようやく重症心身障害児施設として認められることとなった。

このように、戦後の混乱期のなかで、小林は小児医療から、糸賀は福祉思想から、草野は社会福祉活動から出発して、三人ともに最終的には「重い障がいのある子どもを救うためには、医療と福祉の密接な連携が必要である」という同じ考えに到達した。その結果、世界でも類を見ない、医療施設と福祉施設を兼ね備えた重症心身障害児施設という新しいシステムが、日本に導入されることになった。

北浦雅子の思い――ひた向きな心

最後に、北浦雅子について考えてみたい。

北浦は、『この子たちは生きている』（前掲より抜粋）のなかで次のように述べている。

……私は毎日のように泣き暮らしておりました。

しかし、いくら泣いてみても、ヒサ坊の病気はすこしもよくなりません。ヒサ坊の幸せは泣いているだけではやってこないのです。

……そして、泣いている自分は自分自身がかわいそうで泣いているのではないか、子どものことを思ったらここで何かをやるべきではないか、ということに気づき……。私の心は一八〇度いや三六〇度転換しました。おのれをすてて事にあたる以外にこの子を助ける道はない、ということを教えられたのです。

……しかし、さらに「この子がわが家の宝なのだ」「この子はわが師なのだ」といいきれるまでには、さらに十何年の月日が必要でした。

……障害児をかかえた親は常に、生と死をみつめて生きています。「生きるとは何か」

「人生の幸せとは何か」を問いかけられ、その無言の姿からさまざまのことを教え導かれてきました。……

……ああ、この笑顔。それは、人を信じ、なんの邪心ももたず、みるものの心を洗い清めてくれる笑顔です。

政治や社会とはほとんど縁がなかった北浦を、これほどまでに突き動かし続けているのは何なのだろう。実際に向きあってみると、本当に普通の母親だったが、年齢をまったく感じさせない雰囲気であった。

これまでの長い活動内容を見てみると、北浦を中心とする母親たちが子どもの幸せを願うひた向きな心で語りかけてきたことが、社会に共感と感動を呼び、政治家たちの心まで動かしてきたと思われる。

彼女らが望んだことは、子どもたちが安心して暮らせる場所の確保と子どもたちを家族のように見てくれる職員の待遇改善だった。施設で働く職員がどんなに政府に訴えても、耳を傾けてくれることは非常にまれである。しかし彼女らは、「私たちは重症児を抱える母親であり、その私たちが国民の一人として、社会的に弱い立場の子どもの幸せのために」と直訴した。こうした家族の訴えが人間の尊厳、人権に関わる本質的な内容であり、誰が見ても納得できることであったからこそ、受け入れられていったのではないか。北浦らの社会的・政治的な活動を後ろ盾に、糸賀や小林・草野の夢は現実になっていったように思う。

二〇一四（平成二六）年六月、守る会の五〇周年記念大会に参加して驚いた。天皇・皇后両陛下をはじめ、政府の要人、東京都知事など多くの人たちが参列していた。そうした来賓を前に北浦から発せられる言葉は、子どもを思う親の率直な気持ちであり、心に響く内容であった。子どもを思い続ける母親の言葉が、人の心に届くことをあらためて実感した。

Column

北浦雅子語録⑧　無言のメッセージを社会に伝える親に

五〇年前、私たちは「社会の役に立たない人間に国のお金は使えません」と言われ、「生きているこのいのちを守ってください」「最も弱いものを切り捨てれば、その次に弱いものが切り捨てられ、結局は社会全体の幸せにはつながらないのではないですか」と訴え運動してまいりました。「重症児者運動」は、社会の共感を得ることが最も大切なことと思っています。重症児者が真剣に生きながら、「いのちの大切さ」の無言のメッセージを送っていることを社会に伝えることができる親になってもらいたいと願っています。

※

糸賀一雄・小林提樹・草野熊吉・北浦雅子の四人に共通するものは、みな重い障がいのある子どもたちに導かれていたということである。

雅子は今、そしてこれから

一九二一（大正一〇）年三月生まれの雅子は、今年九六歳になった。常日頃から自分の健康にはことのほか気を配り、病気の有無にかかわらず夫の主治医であった高木医師の診察を受けてきた雅子は、これまでに大きな病を得ることなく過ごしてきた。しかし、二〇一三（平成二五）年の春先に腰の痛みを覚え受診したところ、大腿骨《だいたいこつ》の骨折が見つかった。このときは安静を保ち、入院や手術をすることなく乗り切ったが、二年後の二〇一五（平成二七）年に、夜中に目が覚め、ちょっと体勢を崩したときに脊椎を圧迫骨折してしまい、入院・手術を余儀なくされた。また、翌年の一一月には乳がんが見つかり、切除のための手術を受けている。

こうした病気やケガで不自由な思いをするたびに、雅子は、痛くても苦しくても文句も言わずただただすべてを受け入れ、じっと耐えている重症児の人間としての器の大きさを、あらためて教えられるのである。そして同時に、些細《ささい》なことでも骨折や病気になりやすくなった自分自身の年齢を強く意識するようになってきた。

そのため、守る会の会長職から身を退きたいとの意向をたびたび示してきたが、母親たちから、「そんなこと言わないで、辞めないで」と引き止められると、どんなに固く決心をしてもいつも心が揺らいでしまう。会の発足前から今日まで五十年余り、寝ても覚めても重症児者のことばかり考え続けてきた雅子にとって、それは息を吸うのも同然であり、日常の習慣として根づいていることなのである。

尚も七一歳になった。その年齢を考えると、いつまでも「ヒサ坊」ではいけないと思いながらも、雅子の心のなかではかわいい「ヒサ坊」である。

彼は今も施設の方々にかわいがられ、職員がベッドサイドを通るたびにいつも声をかけてもらっている。ある職員が、クリスマスにこんなカードを送ってくれた。

「尚さん。あなたの笑顔は人々の目尻を下げ、語調をやわらかくして口元にほほえみをもたらす。そんな笑顔にどれほど助けられたかわかりません。本当にありがとう」

尚がこうして職員に愛され、大切にされている姿を見て、雅子は、この運動が無駄ではなかったとしみじみ実感するのであった。

近頃は、高齢でなかなか尚の面会に行けなくなった雅子に代わって、兄の隆が面会に行ってくれるようになった。尚は、好きな人には握手を求めるかのようにそっと手を伸ばす。隆が面会に行くといい表情をし、まるで小さい頃のことを覚えているかのように、すぐに手を伸ばしてくるという。隆の話を聞きながら、きょうだいのつながりの深さを感じ、二人のことが愛おしく感謝の気持ちでいっぱいになる雅子なのである。

大学教授夫人として子育てすることを夢見て福岡で暮らしていた雅子にとって、その後の人生は想像もしていなかった展開であった。今、これまで歩んできた道のりを振り返ってみると、「無我夢中」という一言に尽きると思う。

雅子は、守る会活動が一般市民から非難されることがないようにと、自分自身が率先して実践するとともに、機会があるたびに親たちを諌《いさ》め、親の会活動のあり方を説くことが自分の使命であると言い聞かせてきた。そうしたこれまでの運動から感じることは、親としてわが子に代わり声を上げ続けていくことの大切さである。そして、今思うことは、今後、どんなに経済的に豊かな時代がこようとも、どれほど障がい者への理解が深まろうとも、親の会の活動に終わりはないということである。

重症児運動の拠点として生み育てた重症児センターを、建物としてのシンボルだけではなく、重症児運動の歴史の象徴として次世代の親たちに確実に伝え、守る会の理念を引き継いでもらうことが与えられた使命ではないかと、今、雅子は思っている。

こころ豊かな社会とは

人は一人ひとり異なった能力、異なった性格、異なった魅力を持っている。

違うからこそお互いを認め合い、支え合い、愛し合う。

それぞれの個性、能力が尊重される社会こそ、こころ豊かな社会ではないか。

重き障がいに明日への保証もなく精一杯生きているいのちとそのいのちを支える家族は、私たちに「無償の愛の尊さ」と「人と人の絆の原点」を教えてくれる。

糸賀一雄が残してくれた「この子らを世の光に」という生き方

は、人間関係が破綻し、生きる希望を見失った現代社会に必要とされている。

「この子らを世の光に」という言葉を大切に伝えていきたい。

おわりに

本書ができあがった。そこには、人と人との不思議なつながりを感じる。

筆者は、周産期医療のなかで母と子のふれあいに魅せられたときから、北浦雅子さんに導かれていく運命にあったように思う。

新しい生命が誕生し、社会のなかで荒波を乗り越えて生きていくとき、純粋で無垢《むく》な赤ちゃんにたとえ障がいがあっても、母の愛があれば人生を笑顔いっぱいで生きていける。重い障がいのある子どもたちの笑顔が、そのことを証明してくれている。

九〇歳を超えてもわが子を愛し、幸せを願い活動を続けている母親の不変で決して裏切らない愛は、自然が私たちにくれた大切な大切な宝物だと思う。

産まれたときに受けとった母の愛は、家族へ、友へ、そして社会へと広がっている。

最後に
北浦雅子さんとその素晴らしい仲間たちに感謝したい。
そして私の人生のかけがえのない亡き妻・田鶴子にこの本を捧げたい。
皆様に感謝をこめて

福田雅文

【参考資料】

1 『悲しみと愛と救いと――重症心身障害児を持つ母の記録』
北浦雅子：著、一九六六年、佼成出版社

2 『この子たちは生きている――重い障害の子と共に』
全国重症心身障害児（者）を守る会：編、一九八三年、ぶどう社

3 『愛はすべてをおおう――小林提樹と島田療育園の誕生』
社会福祉法人日本心身障害児協会島田療育センター：編、二〇〇三年、中央法規出版

4 『異質の光――糸賀一雄の魂と思想』
高谷清：著、二〇〇五年、大月書店

5 『福祉の道行――生命の輝く子どもたち』
糸賀一雄：著、二〇一三年、中川書店

6 『重い障害を生きるということ』
高谷清：著、二〇一一年、岩波新書

7 「月刊福祉」
全国社会福祉協議会出版部：編、一九七三年四月号

8 「両親の集い」
全国重症心身障害児（者）を守る会：編

9 「五〇年のあゆみ」
全国重症心身障害児（者）を守る会：編、二〇一四年

【著者プロフィール】

福田雅文（ふくだ・まさふみ）

1952年、長崎県佐世保市に生まれる。佐世保南高校、長崎大学医学部卒業後、同大学で周産期医療に従事。母子関係、家族などをテーマに母親学級・出産早期の産科病棟やNICU内で子育てに悩む家族を支援。

2000年より、みさかえの園総合発達医療福祉センターむつみの家に勤務。現在は、施設長として重い障がいのある子どもたちやその家族を支える活動に従事。

主な著作に、『脳性麻痺ハンドブック』（共著、医歯薬出版）、『ハイリスク新生児への早期介入』（共著、医歯薬出版）、『母乳育児の文化と真実』（共訳、メディカ出版）、『母乳育児なんでもQ&A』（共著、婦人生活家庭シリーズ）、『未熟児・新生児のプライマリ・ケア』（共著、金原出版）などがある。

重い障がい児に導かれて
——重症児の母、北浦雅子の足跡

2017年9月15日　初　版　発　行
2018年2月1日　初版第2刷発行

著　　者　福田雅文
編　　集　全国重症心身障害児（者）を守る会
発 行 者　荘村明彦
発 行 所　中央法規出版株式会社

〒110-0016　東京都台東区台東3-29-1 中央法規ビル
営　　業　TEL 03-3834-5817　FAX 03-3837-8037
書店窓口　TEL 03-3834-5815　FAX 03-3837-8035
編　　集　TEL 058-231-8744　FAX 058-231-8166
https://www.chuohoki.co.jp/

表紙・装画・本文イラスト　今川咲恵
装幀・本文デザイン　株式会社ジャパンマテリアル
印刷・製本　長野印刷商工株式会社

定価はカバーに表示してあります。

ISBN978-4-8058-5580-5